愛知大学綜合郷土研究所シンポジウム報告集

第二のふるさとのくらし

愛知大学綜合郷土研究所【編】

あるむ

はじめに

愛知大学綜合郷土研究所所長　有薗　正一郎

今回のシンポジウムは「ふるさと」シリーズの5回目です。これまで「ふるさとを考える」「ふるさとを創る」「ふるさとに住む」「ふるさとから発信する」の論題で議論をしてきました。今回の論題は「第二のふるさとのくらし」で、都会から愛知県東栄町へ移り、暮らしておられる3人の方に体験を語っていた

公開シンポジウム、有薗所長あいさつ

だき、討論することにします。私は皆さんの「終の住処（ついのすみか）」論を聴きたいと思って、ここに立っています。

　皆さんのお手元にある豊川流域314集落の成立期の図をご覧下さい。縄文時代の遺跡がある集落は豊川の最上流部にたくさんあることがわかります。縄文時代の人々の主なエネルギー源のひとつがドングリでした。川の上流部は山です。山は平地よりも表面積が大きいので、ドングリがなる木が里よりもたくさんあります。また谷底から少し高い場所に住めば、飲み水はあるし、水害に遭うこともありませんでした。縄文時代は山住みの時代だったのです。

　弥生時代になると、どれだけの量の種を蒔けばどれだけの人数を養えるかが計算できる農耕が広まり、人々はイネを作付する場を作るのが容易な低湿地がある川の中流域へ、そして治水技術が発達する近世には下流域まで降りてきました。また山に残った人々も農耕を採り入れて住み続けましたし、さまざまな理由で山に入って住み始める人々もいました。そんな暮らしが2000年続いたのです。

今は産業革命に始まる工業と情報産業の時代です。日本列島では、ここ100年の間に、少なからぬ数の山住みの人々が遊園地のプールにある「流れる滑り台」、すなわち整備された道路を経て、里に降りてきました。そして居住域は里では広がり、山では縮まりつつあります。

　将来の居住域は一体どうなるのか。遊園地のプールの「流れる滑り台」は滑り落ちると同じ道は帰れません。今日話していただく3人の方は、しんどい階段を自ら上がって、「流れる滑り台」の上に立ち、周囲を眺めておられます。

　山の暮らしに戻りたい人々や、新たに山で暮らしたい人々が、それぞれの足で階段を上がればよいのか。エレベーターやエスカレーターや山の上でゆっくりできる場所作り、すなわち公共投資やお役所による世話が必要なのか。大袈裟に聞こえるかもしれませんが、日本列島における人々の居住地変遷史の中で、将来の動きを展望する材料を、3人の方の話から拾いたいと、私は思っております。

　休憩を挟んで、後半は討論をおこないます。最後までおつきあいいただければ、さいわいです。

目　次

はじめに …………………………………………有薗正一郎　1

主婦のつぶやき　ふるさと東栄 ………………大村　孝子　5

東栄町に移住して ………………………………谷川美恵子　15

東栄町に移住して思うこと ……………………高田　佳宏　23

討論 ……………………………………………………………　26

本書は、2009年9月12日(土)に愛知大学綜合郷土研究所で開催された公開シンポジウム「第二のふるさとのくらし」の記録です。

主婦のつぶやき　ふるさと東栄

　　　　　　　　　　　　　　　　　　　　　　大　村　孝　子

　私は、主人の定年退職を機会に、東栄町の下田地区の「湧水の里」へ平成17年8月に転居してきました。今年で5年目となります。
　湧水の里と言われるだけに、峯山のふもと氏神様の大明神には、社殿の横から泉が湧き出て宅地の横を流れ、大千瀬川まで「橋川」として流れております。この泉は、これまで枯れることのない泉だそうです。
　さて、何故田舎暮らしを、そして東栄町へ住むことにしたのか、記していきます。
　私ども夫婦は、名古屋の中心部育ちです。主人は、あの大戦中の縁故疎開でお世話になった叔父の住む山梨県身延の駅から車で30分の山奥生活の印象が強く、いつか田舎で緑に囲まれて暮らしたいと思っていたようです。さて、私はといえば、いつも従兄の住む恵那山中腹の家に出向き、山から引き込まれた冷たい水、夏になれば、その水にスイカやトマト、キュウリなどを冷やし、丸かじりの冷たいおやつを頬張っていました。また、山や丘の裾野には、野の花が咲きみだれ、虫は採り放題。夜になれば開けっ放しの窓からホタルが入って来て家の中を飛び、秋になれば前庭から恵那山のすばらしい紅葉が見られ、少々不便だけれど、自然につつまれた、そんな生活がうらやましくて小中学校の長い休みには、毎回出かけていました。
　そんな思いを持った2人が、子育てをする頃、名古屋市の東に位置する東郷町に家を構えました。周りは田園や畑に囲まれ小さな丘には小川が流れ、ワラビ・山ウド・セリ等、山菜が採れる里山が残っている地域で、夏はホタル、秋にはトンボ、赤トンボが群れをなして飛ぶ、それなりの四季を楽しんでいましたが子供たちが一人立ちする頃には、風景は変わり、田畑は宅地になり、丘は造成されてマンションやコーポに、家の前の道は通り抜けの車が、

ひっきりなしに通り、また挨拶しても返事が返ってこない隣人達。
　ある程度は覚悟していましたが、これから今まで以上に人々と触れ合い、ゆったりと、そしてのんびりと老後を暮らしたいと思っていたのに、家の周りは2人が望む環境では無くなっていきました。さあどうする？　緑に囲まれた生活にするのか、田舎に行くのか、行くならばいつか？　行くなら定住で地に足を付けて暮らしたい。引越しにはエネルギーがいる。体力もいる。今まで築き上げた人間関係はどうするのか？　思い付く様々な事項を検討しました。
　今がチャンスか！　それは平成9年秋頃のことでした。
　平成10年4月に私が運転免許を取得するとチャンスは向こうからやってきました。老人保健施設の「やまゆり荘」へ見学のために11月に東栄町に訪ねることとなり、豊川インターから東栄町までのドライブの道程と施設の駐車場へ車を止めた時の目の前の山々の風景。ほっとする何故か懐かしい思いをしました。翌年の平成11年9月に私の母が「やまゆり荘」にお世話になることとなり、平成14年12月末に亡くなるまでの間、母を訪ねるたびに開業したばかりの「とうえい温泉」と山々の緑のパワーに力付けられる2人でした。
　「田舎ぐらし」の思いは募るばかりで、まず、東郷町から東栄町までを地図上で扇形に見て全地域を観て感じて体感しました。
　名古屋で「伊吹おろし」の冷たい寒さで鍛えられている2人は、山間部で四季を感じられる所。「田原」とか「浜松」、静岡方面の季節の穏やかすぎる所は除外しました。今思っても不思議なのですが、三重県・岐阜県は2人とも考えていなかったのです。三河山間部か長野県、あるいは県境の静岡県。季節天候に関係なく暇さえあれば地図に載っている道が舗装されていれば、たとえ林道でも車を走らせました。その都度、集落の生

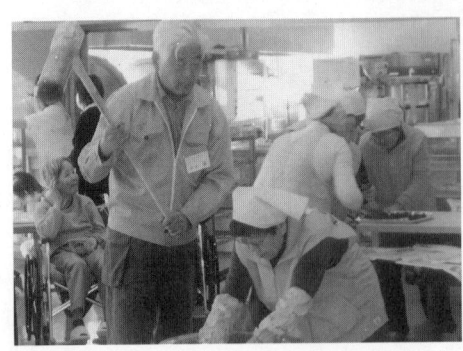
やまゆり荘もちつき大会　ボランティア活動

活環境等もチェックしました。現在の「豊田市」で「旧小原村」「旧旭町」「旧足助町」「旧下山村」それに「設楽町」「旧作手村」などは、温暖化とはいっても、冬には道路は凍てつき歩行や車の運転が難しい。しかし、東栄町の中心部「本郷・市場・下田」地区は昼間は雪などもなく、買物に出かけることができます。

　根雪になることは、ほとんど無く（このようなことから子供たちからは大きな了解を取り付けることができました）住みやすい所ですが、冬は中心部以外については大変厳しいです。たとえば「スターフォーレスト御園」へは、スタッドレスタイヤであっても慣れない私どもには要注意です。

　平成14年春頃には東栄町への移住を心に決め、週に一度は施設の「やまゆり荘」へのボランティアを続け、東栄町をより深く知る努力をしてきました。

　当時、役場は「空き家情報」等は持っていませんでした。現在は広報誌などで呼びかけ、多少情報を持っているようです。役場に聞きますと空き家は沢山あるようですが、貸しても売っても良いという空き家はごくわずかだそうです。「役場がだめなら当たって砕けろ」で交渉を実施。町内を尋ね尋ねて情報を集め、東栄町を離れたお子さんだったり、留守を預かる親戚の方だったり、借家売家を手探り状態で当たりましたが、なかなか面談に至りませんでした。どこの馬の骨かわからん者とは、話もしたくないという状況で、不動産屋さんでさえ、まったく相手にしていただけませんでした。そんな中で得た情報で貸しても良いと言われ、その家を見せていただきました。そこには亡くなられた両親の荷物と、そのお子さんたちの不用品があり、整理してくれたら貸しても良いとのことでした。しかし、その荷物の多さは並大抵の量ではなく、また、冬対策を考えると断念せざるを得ませんでした。これらのことで感じたのは、この地域も他の田舎と同じで閉鎖的なのだと感じました。

　また、花祭の時には、他地域からの観光客を受入れているように見受けられるが、うわべばかりで本質は田舎根性だけなのではないか。このことは住人になった今、よりいっそう感じているのです。その後も数件あたりましたが条件が噛み合わず、成立することはありませんでした。

東栄町を諦めかけていた平成15年4月に入ったばかりのある日「町が今度金紫平に分譲地を売り出すそうよ」の情報がもたらされ、さっそく役場の企画課へ出向きました。それが冒頭に記述した「湧水の里」だったのです。北側の山を背に東側には小川が流れ、とうえい温泉・スーパー・診療所・役場が徒歩圏内にあり、この位置ならば子供たちも納得し安心してくれる。これが購入できなければ東栄町を諦め、他地域にあたろうと心に秘めて受付日にのぞみ、運良く購入できる権利を得て現在に至っています。
　情報としてこの10年間に他地域から空き家などへ転居された方が12件あまりあったようですが、今現在、その約半数が東栄町を去っています。
　その転出した理由には——
　・冬が想像以上の寒さだった。
　・地域環境になじめなかった。
　・花祭に関わるために東栄町に来たのではない。花祭の出役は大変迷惑であった。
など、うわべだけの短期間の体験だけでは、想定外の事項が多すぎるのではないかと思われます。
　永住するには相当の覚悟が必要でしょう。町も長期にわたり体験できる機会を作っていただけたらと思います。
　「春はあけぼの、ようようしろくなりゆく山ぎわ」ご存知「枕草子」の文頭の名文ですが、子供の頃から、どんな風景を表しているのだろうかと長く思っていましたが、東薗目のお寺の前の山に、その風景がありました。ほのぼのとした春紅葉が山々を包んでいて朝霧が風で棚引いているのです。いにしえの人々の心が少し理解できたような気持ちになれる一時と場所です。朝、少し明るくなっただけで小鳥たちはさえずりを始め、明るさが増すと鳴き声も増え、どんどんにぎやかになってきます。どんなことを話しているのだろうか、会話の内容がわかったら、面白いだろうなあと思いながら耳を傾け、霧深い朝は川から立ち昇る様子や風にたなびく様を、雨の日は、山々に雲がかかり、それが刻々と動く様子を時が経つのを忘れ見ています。
　朝の「ヨシキリ」の鳴き声、カジカの声、夕方のヒグラシの声、それらの景色を見ながら聞くのは至福のときです。

以前は夕方、庭に出ると蚊に刺されましたが、東栄町に来てからは大変少なくなりました。そして雨蛙がとてもに多いのには驚かされます。葉の上だけでなく壁面などの高い所に何日も止まっています。
　トンボの種類と数の多さにも驚いています。食物連鎖がよほど上手くいっているのでしょうね。
　庭には私がジーっとしていると日中にもかかわらず、イタチ、野ウサギ、もちろんヘビも、小川からカニも上がって来ます。さすがに猿は木の上から見ていますが、一昨年には私の一瞬のすきを見てカボチャを蔓ごとかつぎ、森へ逃げ込んで行きました。夜にはハクビシンも出没します。タヌキやキツネには会っていませんが恐らく同じように出没していると思われます。
　隣の畑には鹿の足跡が残っていることもあり、冬にハクサイを収穫しようとしたら、中身は空っぽ、長い舌で中身だけ食べられていたのです。
　小鳥は多種多数遊びに来てくれます。畦道を歩けば、名も知らない野草達の内に白玉星草が足元にあり、あの葦毛湿原に行かなくてもよいのです。東栄町には昔ながらの里山が僅かずつですが残っていて、そこには野ナデシコ、ツルリンドウ、キキョウ、ホトトギス、カタクリなどが自生しています。
　そしてハッチョウトンボ等に出会い、大変嬉しいのですが、地元の方にお話すると「へぇ～。そうかい。そんなもん知らんなあ。関心ないわあ～」と無関心さを示されました。
　深く沼地化して作業が困難な田圃は、埋め立てられて畑あるいは、雑種地にされて行くのを見るのは、大変残念なことです。いつまでも、この豊かな自然を残し、守って行きたいものですね。
　そんな自然いっぱいの中で幼い子供たちを育てていただけたら、のびのびと心豊かに育つこと間違いないと思われます。都会の保育園には、今も入園待ちがあるようですが、東栄町は、ここ当分の間、入園待ちは無いとのことです。小中学校も１クラス少人数のため、目の行き届いた指導が行われています。元気に、そしてのびのびとハツラツと育っている子供たちを見るのは、心が温かになります。女の子も男の子も幼い妹や弟たちも大きな姉ちゃんや兄ちゃんと一緒に仲良く、虫取りや川遊び、もちろん野球、そしてサッカー、長い間こんな風景を見ていませんでした。街では外で遊んでいる子供さん見

かけなくなっていました。これが本来の子供の姿だと思っています。そんな子供時代を過ごした若者たちは、大変仲が良いですね。何事か起きますとみんなが集まり、知恵を出し合い事にあたっているのを見るのは嬉しいかぎりです。

『どうぞ、東栄町に子育てにいらして下さい。お待ちしています』

さて「結い」をご存知でしょうか？　東三河山間部には、この「結い」が残っています。田植え、稲刈り、茶摘み等、昔は屋根の葺き替えなども行っていたようです。ご近所あるいは、血縁関係で「結い」の仲間が構成されていて、ひとつの作業を「結い」の仲間全員で順番に1軒、1軒行っていくのです。今「結い」は全国的に消えつつあります。機械化で必要なくなったり、高齢なために、お礼のお返し作業が体力的にできなくなって脱会せざるを得ないのが現状のようです。

ここで少し東栄町の人口について調べてみました。私たちが住人になった平成17年4月の人口は、4,575人。そして今年平成21年3月末で4,121人。4年間で454人減少しています。1年平均110人減。単純に計算しますと向こう10年間で1,100人が減少し、3,000人を切ってしまうのでは、と危惧しています。また、今年60歳以上の人口は、2,160人と人口の半数以上を占めています。これは1人1人が老齢化の坂を急勾配で転がり落ちていることを認識して行政と一体で事にあたり、対策を取らなければ限界集落どころか、東栄町が消えてしまい、大合併を行わなかった意義も無くなると思います。この危機感を、どれだけの住人が感じとっているのでしょうか。

行政は手を替え、品を替えして町外へアピールを行っていますが、それらに協力しているのは、一握りの住人です。「笛吹けどスズメ踊らず」状態です。そんな大人たち（80代ぐらいでみんなの上に位置づけられ、権力がある）に若者の知人は「僕らが人数も減って1人1人の負担が増えて大変だからと改善を出しても、いいや、今までどおりにやってもらおう」と言われて、「色々な場面で大人に阻止されるんよ。まあ10年したら大人もいなくなるんで、それまで待つわね」。また、葬儀の時は、組（隣組）が主に手順、方法等葬儀全般を担当し、進行しますが、この時も大人の指示で執り行われます。もしも若い喪主が間違って先走って行動すれば、組の若者が2人の間の修復に

主婦のつぶやき　ふるさと東栄（大村）　11

努め、本来の手順に戻すのです。そんなこともあってか昨今は自宅ではなく会場を借りて葬儀屋さんにすべて任せる人々が増えているようです。『遺族の多くの方々が、他地域の住人（新城市・豊橋市等）のため、他地域の会場を利用する』。また、亡くなられた時の役所への手続きは、組の方にお願いし、葬儀そのものは葬儀屋さんに。そうすることで大人とのあつれき、不満も解決。そして摩擦を最小限にすることができるという若者の知恵かもしれません。

　人口の半数が60歳以上の東栄町。大人の統率も必要です。しかし、若者の意見も参考にし、前向きに協力しあえば、町の活性化に役立つでしょうに。

　さて話をもとに戻しましょう。今こそ無料で労働提供されるボランティアが必要なのではないでしょうか？　4月現在、1,732世帯で65歳以上の老人だけの世帯は、377世帯と4分の1弱になっています。無料のボランティア提供の申し出があった時は、心良く受けていただけないでしょうか。以前、私が細々なことの手助けを申し出た時、断られました。やはり私は今も"何処の馬の骨"の扱いを受けているのです。だから私の顔、人となりを知っていただきたく、ボランティアと町の地域の催し物に時間が許されるかぎり、出席させていただき、アピールに努めているのです。信頼を得るための努力を怠ることはできません。今、新しい形の「結い」が必要なのではないでしょうか。「すぐやる課」をまねて「何でも手助課」なんてネーミングで。福祉ボランティアとは別に役場へ登録し、電話ひとつで出向く等、いかがなものでしょうか。シルバー人材センターとの兼ね合いもあり、難しいでしょうか。

　さて施設のボランティアで、お話相手をさせていただきながら、東栄町の"今昔"を学ばせていただいていますが、「限界集落」と言われている「尾籠地区」にも関わりを持たせていただき、集いの時などには"昔"

特別養護老人ホーム永生苑豊橋　敬老会
てほへ体操グループでボランティア

を学ばせていただいています。この「尾籠地区」は、国道151号で中設楽地区の「釜淵」を左に「明神山」へ向かい、その途中の三叉路を右へ行った行き止まりの集落で、世帯数は9世帯で、18人が住む集落であります。私が思うには、「限界集落」ではなく、天国に一番近く、そして明るい集落と感じています。暗い森の中をどんどん登り、急に明るくなった。そこが集落の入口なのです。なお、登っていきますと、行き止まりが「六所神社」前の「尾籠生活改善センター」です。センターの前に立ちますと、「岩山」とその後ろに「明神山」を正面に見ることができます。なんだか窪地に入り"コロボックル"（小指の先ほどの人）になったような感じを受けます。斜面に家と畑があり、それを背の高い森が囲んでいるためと思われますが、風の強い時には、不思議な体験ができます。私のまわりには風がそよいでいるだけなのに、強風が木々を吹き荒れる音はしているのです。木々の上の方は大きくゆれていますが、強い風は上空を通って行くだけのようです。木々の迫った窪地だから、この不思議が味わえるのでしょうか。しばしばこの体験がしたくて風の強い時には「尾籠地区」へ出かけている私です。

　地域の心の広いリーダーさんは、よそ者の私でも少しは受入れて下さいますが、住民の1人1人は、長老の顔色を伺い、必要なことだと思っていても意思表示をしない、多くは陰でコソコソ言う。まず、すぐに腰を上げ行動することはない。長老の次に力があると思われる正副区長さんが頑張っても、ほんの少数の人が協力しているだけに見受けられる。心ある人が新しいことを始めると足を引っ張る言動をする。そんなことはどこの地域にもあることでしょうが、今の東栄町で良いと思われることは、失敗を恐れず、まず実行することが望ましいのですが、でも「出る釘は打たれ」時には「村八分」にもなりかねない。そんな中で行動を起す人々には頭が下がります。

　長野県で現在人口1,000人のある村は、20年前に人口3,000人を割り今に至っているのですが、現在2割強の人が外からの移住者であり、従来の住人は、移住者を喜んで受入れ協力的で、お互い努力し合い、住み良い環境作りに努め、より多くの定住者の受入れに力を入れているとのことです。

　今、私に何ができるのでしょうか。お金が無いので起業するのは、無理なのです。しかし、東栄町をアピールすることはできます。他地域の人々との

交流に関する行事には進んで参加し、町の宣伝に努めます。アイディアも出しましょう。

　ここで以前から持っている夢の一部を申し上げます。私、田舎と言えば緑の木々と水と思っています。今の東栄町のどこにも見当たらないのですが、昔は幾つかあった、それは"水車"です。温泉の前の田畑向けの明治用水に水車小屋を設置し、精米・製粉に利用します。電気を使って熱を帯びた精米よりも水車で精米されたお米は数段上の旨みを持ち、販売にあたっては充分な付加価値を付けることができ、精粉を町外の工場に依頼していますが、当地で行なえるようになれば、麦の作付面積も増え、減反対策にも対応できる。そして発電もできてエコに繋がる。水車小屋ができれば、温泉利用者も増えるでしょう。地元産の農作物を水車小屋の横で売りましょう。春は山菜でもてなすことができますが、他の季節は野草料理を作ってみてはどうでしょうか。「ハコベ」のゴマ和え、「ノビル」の酢味噌和え、クレソンのサラダ、「アカザ」の煮びたし、ツユクサの寒天寄せ、スミレ、ゲンノショウコ、タンポポ、ユキノシタ等の天ぷら、芋蔓のキンピラ……これらの補材に農作物を利用します。器は竹を使用します。限定商品に大変弱い主婦をターゲットに特定曜日に特定数のみの販売でどうでしょうか。

　三遠南信自動車道の東栄インターには、循環型ふれあい農場（鶏・ウサギ・豚・乳牛）、田畑では、田植えと稲刈り、じゃがいも、サツマイモの植付けと収穫、お客さんは、お金を支払って農業を体験し手伝う。この農場からの作物を中心にしたメニューで食堂を開く。10年後体験型リゾート宿泊施設を開設する。

　どれもこれも、どこかのグループで進行しているかも知れませんが、このアイディアを何とか活かしてみたいと思っています。

　最後に言葉について一言。「やるか」についてですが、『貴方は、ゴルフをやるか』というのは通常の使い方ですが、「豆やるか」とか「カボチャやるか」と地元の方は言われるのです。どうもこれは「豆をあげたいが、もらってくれますか」とか「カボチャもらってくれるか」という意味で使われているようですが、未熟者の私は、時には『やるとは何よ。物もらいに来たのでは無いわ』と腹を立てることもあるし、いわゆるムカーっとくることもあります。

一呼吸（深呼吸）して「下さるんですか？　喜んでいただきます」たとえ頂く物が家にあっても。先ほどの言いまわしを使われるのは、年配の方か、あるいは年配者と同居している50歳代ぐらいの人たちに多いように思います。「やるか」とか「やるで」と言われても、どうぞ心穏やかに頂いてください。まったく悪気は、無いのですから。

　今私どもは、車で名古屋方面等の都会に出かけた時など、極力滞在時間を短くして早く東栄町へ帰りたくてなりません。旧鳳来町の大野あたりから窓を開け、緑の山の空気に触れながら帰宅します。そして車が家に着くなり、深呼吸し、美味しい空気を実感し安堵いたします。晴れた日の夜には、星の多さに嬉しくなり、しばらく見上げ続けた後、家に入ります。

　ミニ菜園で季節の野菜を手づくりし、採り立てを調理して食べられることも喜びのひとつになりました。

　緑に囲まれた「東栄町」の住人になれたことは、大変大きな喜びです。

　私ども2人が常に「東栄町」に役立つ2人で有りたいと思っています。

　どうぞ、いつでもお声をお掛けください。

　とりとめの無いことを思い付くままだらだらと書いてまいりました。

　お付き合いいただき、誠にありがとうございます。

東栄町に移住して

谷川　美恵子

　平成6年4月に大阪府高槻市から北設楽郡東栄町に転居しました。いわゆるIターンです。主人と私が35歳、娘が10歳、息子は5歳と2歳でした。私は名古屋生まれでずっと都会育ちでした。主人は福井県に生まれ大阪育ちです。そんな家族が田舎暮らしを希望したきっかけは、下の息子の病気でした。食物アレルギー（特に卵と牛乳）で強度のアトピー性皮膚炎だったため、水と空気のきれいなところに移住することにしたのです。「田舎暮らしの本」を買って、あちこち見学にも行きました。一番遠くは島根県隠岐の島です。海に囲まれた島は、魚好きの主人には最高の環境でしたが、乗ってきたフェリーに救急車が乗り込んだのを見て、医療設備のない孤島での生活に不安がよぎりあきらめました。

　いろいろ新聞・雑誌で情報を収集しているうちに私の母が東栄町で若者定住促進住宅を建設し、入居者を募集していることを教えてくれました。新築一戸建で100坪の土地付。毎月家賃として20年支払えば自分のものになるというものでした。主人は山仕事を希望していたので、面積の90％以上が山林という東栄町に、Iターン者向けの住宅があるとは、願ってもないことでした。それまで当たってみた物件は、仕事は森林組合に就職するとしても、なかなか住宅がないのがネックでした。空き家があっても都会の者には貸せないとか、住宅確保は移住者にとっての第一関門です。それが、町がIターン者に住宅を用意してくれるなんて、田舎の人は閉鎖的と言うけど、町をあげて歓迎してくれる、きっと都会の人にも優しい、開けた町なんだと期待に胸膨らませ、意気揚々と応募しました。

　そして、みごと当選、晴れて東栄町民となったのです。現地を見学してからわずか2か月で移住が決まりました。

東栄町に移住する決め手となったのは、JRの駅があったこと、病院があったこと、ゴルフ場がなかったことです。しかし、いざ住んでみると電車は1時間に1本で豊橋まで1時間半かかります。停車する駅の多さには閉口しました。大阪では同じ距離を快速電車で半分の時間で行けます。後に子供たちが高校に通うにもこの飯田線を利用することになりますが、毎日片道45分の乗車にうんざりでした。

　もう一つ期待はずれになってしまったのが病院。移住当初は国保の総合病院で産婦人科や皮膚科もあったのですが、規模が縮小され、今では公設民営の病院となっています。特にお産をするのに浜松市の病院まで通院しなくてはいけないなんて、これでは少子化に拍車をかけるようなもの。実際、お産が出来ないからと町外へ引っ越された方もいます。過疎の町で地域医療の充実を図ることは難しいと思いますが、教育とともに医療はなくてはならないもの。これ以上の規模縮小にならないよう、願っています。

　ちょうど新学期からの転居ということで、娘は小学5年生からのスタートでした。それまで全校児童800人の学校から50人の学校への転校は、ちょっとしたカルチャーショックだったと思います。クラスメイトは11人。授業はマンツーマンみたいなもので落ちこぼれの心配はなくて喜んでいたのは親だけで、人数が少ないので授業中に当てられる回数が多くて大変だと娘はこぼしていました。通学時間も40分の徒歩通学。ずいぶん鍛えられました。実は、田舎暮らしを一番嫌っていたのは娘でした。都会の便利な生活を経験してしまっているので、マンガを買うのにも苦労するという生活がイヤで、早く東栄町から脱出したいと言っていました。高校卒業と同時に家を出て念願の都会での一人暮らしとなりましたが、なかなか思うようにはいきませんでした。8年間の田舎暮らしできれいな水と空気に体が慣れてしまったためか、都会に出た娘は重度のアトピー性皮膚炎になってしまいました。東栄に帰ってくれば治るのではないかと思いますが、娘はずっと都会で暮らしています。田舎の退屈な生活より、刺激的な生活が魅力的なのでしょう。でも、一人暮らしをして、都会の怖さもいろいろ経験しています。空き巣に入られたり、車上荒らしにあったりと都会の手痛い洗礼を受けています。東栄町では、ちょっと見慣れぬ車が部落に入って来るだけで、警戒し、いい意味での

ムラ意識が発揮されています。若い人はそれを「息苦しい」と感じることもあるでしょうが、いつか、「やっぱり、東栄がいい」と言って娘は帰ってきてくれるのではないか、と密かに願っています。

　息子たちは５歳と２歳だったため、それほど田舎の生活を嫌がることもなく、東栄っ子として育っていきました。おいしい水と空気のおかげで、下の息子のアトピーはみるみる治っていきました。頬ずりすることすらためらったほっぺたもすべすべになり、薬でむくんでいた顔もすっきりとなって、東栄に移住した目的を達成でき、思い切って田舎暮らしを始めて、本当に良かったと思いました。

　しかし、本当に田舎に来てよかったのは長男だったかもしれません。引っ越す前、１年間は近くの幼稚園に通っていたのですが、まったくなじめず、東栄町には保育園しかないので、無職の私の子供は入園する資格がないのを幸いに、入学までの１年間は自宅で過ごすこととなりました。翌年の４月に同級生９人で入学式を迎えました。食が細く（というか、好き嫌いが多くてあまり食べませんでした）、かけっこも遅く、逆上がりもできないので、みんなについていけるか心配でした。

　案の定、まずつまずいたのが給食。一番最後まで残っても食べられず、苦痛の時間となっていました。すると、なんと担任の先生が「たっくんの好きなものは何ですか？　少しでも給食が楽しくなるように、たっくんの好きなメニューにします」と言ってくれるではありませんか。都会の学校では考えられないこと。次男の給食もアレルギーのため卵が食べられないことから、卵料理の日は、特別に別のメニューに１人だけしてくれました。こういったきめ細かい対応が出来るのも小規模校だからこそ出来たのだと思います。クラスメイトが10人前後ということで、勉強面、生活面において十分な配慮ができ、子供の個性を伸ばすことが出来るのは田舎の学校の良さだと思います。長男は、都会にいたら、きっといじめられっ子になっていたでしょう。

　担任の先生のおかげで、苦手だった運動も得意になり、そして、何よりも音楽の才能を伸ばしてくれたことに感謝しています。昨年、一浪の末、希望する大学で大好きな音楽の勉強ができることになりました。そこにたどり着くまで、いろんな人の励ましがあって、泣きべそでわがままな息子が、親の

仕送りは一切なしでバイトで生活費を稼ぐという、たくましい子に育ちました。これも田舎暮らしの賜物だと思っています。

　田舎暮らしをするにあたり、覚悟はしていましたが、収入減は正直、痛かったです。実際、主人の収入は3分の1ぐらいになりました。山仕事は日給制でボーナスもなく、雨が降ると仕事に行けないので梅雨時は大幅な収入減です。山林労務者の就業環境の悪さ、他業種との収入の格差は15年就労していても改善されることはありませんでした。山で働く人たちが人並みの収入が得られるようにしなくては、志気があがらず、これでは山が死んでいくと思います。愛知県も森林環境税が導入されましたが、本気で山を何とかしようと思うのなら、山で働く人たちの労働環境の改善がまず第一だと思います。

　主人は収入のことより、自然の中で働ける喜びのほうが大きく、また、日給制のいいところは自由勤務で、趣味のために仕事を休まなくてはいけないのも気兼ねせずにできて、自分のライフスタイルにあっているので満足しています。それまで専業主婦だった私が働き始めたので、生活費は私の収入で補っています。

　私の仕事は、生協の配達の仕事とチェンソーアートクラブの事務局です。配達の仕事は週2日で10年以上続けています。老人世帯などに食材を配達していますが、畑の新鮮な野菜をいただいたり、地域のことを教えてもらったりと、地元の人とのコミュニケーションが図れる、Iターンで来た私にとっては、なかなか有意義な仕事です。

　もう一つのチェンソーアートクラブの事務局は今年で5年目となります。クラブができて8年、4代目の事務局長です。こちらは仕事があるときだけ出向けばよく、自由勤務で事務局は私1人という、気楽に働ける環境であり、私のライフスタイルに合った仕事です。ただし、年に一度、東栄町で開催される「チェンソーアート競技大会」の事務を1人でこなすのは、とても大変です。資料作りから役場との折衝、海外選手とのやりとりなど、やりがいはありますが深夜まで残業することもあり、かなりのハードワークです。それでも続けているのは、新しい人のつながりが全国に、また、世界にでき、人生が広がった気がします。そして好きな英語が使える仕事であり、町おこしの一環に携われるという喜びがあります。

チェンソーアートクラブの仕事をすることになったきっかけとして、Ｉターン者として役場に出入りしていたことが挙げられます。

移住した当初は、町づくりの企画などの会議にＩターン者ということで参加を要請され、よく出かけたものでした。ずっと東栄で暮らしている人にとって当たり前のことが、Ｉターンで来た人たちにとっては、そうではなかったりということは多々

チェンソーアート競技大会

あります。そういうことを率直に言うと反感を買うこともありますが、受け入れてくれることもあります。言い方もあろうかと思いますが、あまりに色々言い過ぎて、失敗した人もいます。何もしがらみがない分、言いたいことを言えますが、それでもやはり、地元の人との調和も大切かと思います。それを見越した上で意見を言えば、小さい町なので、自分の意見が採用される確率は大きいです。実際私も「え？　私の意見でいいの？」と思ったことはあります。それでも、田舎の人はなかなか新しいものを取り入れるのには慎重だな、と思います。「どうしてそうしなきゃいけないのか？」「今のままでいいじゃないか？」という意見が大半でしょう。

その典型がチェンソーアート。これは東栄町の2000年記念イベントでアメリカ人のチェンソーアートの世界チャンピオンを招聘し、実演と講習会をしたことからクラブが設立され、歴代会員数は100名を超える日本最大のチェンソーアート団体として現在に至っています。日本で初めてチェンソーアート競技大会を開いたことがきっかけになり、全国に愛好団体が誕生し、東栄を手本にして大会を開催するなど、東栄は「チェンソーアートの聖地」として一躍「東栄」の名を全国に広めることとなりました。

丸太からあっという間に芸術作品が出来上がっていく様子は圧巻です。今

まで木を切る道具でしかなかったチェンソーでこんなことも出来るのか、という驚き。しかも材料は間伐材を利用するということで林業の活性化にもなり、観光資源にもなるという、過疎で喘ぐ町に新風を吹き込んだ救世主です。

　しかし、なぜか町の人の反応は芳しくありませんでした。「チェンソーであんなことをするのは邪道だ」「イベントに町民の税金を使うのなら福祉に回せ」。そう、新しいことを取り入れるのに理解がありませんでした。8年たって農林水産省の認定事業になったり、林業者の全国組織である全国林業改良普及協会からチェンソーカービングの本が出版されたりと少しずつ周りから認められ、ようやく町民の理解が得られるようになったかな、と思うこの頃です。

　田舎暮らしで大変なのは「付き合い」ではないか、と思います。都会だとマンションで隣に住んでいる人も知らないような生活ですが、田舎は、誰が何をしたかがすぐわかるぐらい人口が少ない分、噂はすぐに広まり、大変な目に会うこともあります。それを覚悟するのも田舎暮らしの必須条件かもしれません。

　「付き合い」と一言で言ってもいろいろあります。「祭り」だけでも私の住んでいる地区は、地元の神社、地区の神社そして有名な「花祭」と3つもあります。

　「消防団」も田舎特有の組織で、主人も39歳まで務めました。私も「婦人消防団」に入っていました。

　小学校の運動会は家族総出となります。出場選手も婦人会や老人クラブの人も交えてさながら地区の大運動会となります。それだけ地域のつながりが濃いということでしょう。都会から来た私たちにはとても新鮮な運動会でした。

　こういった集まりのたびにあるのが酒の席。主人もずいぶん鍛えられました。でも、飲みニケーションも大事な付き合いの一つ。お酒の飲めない人には田舎暮らしは苦痛かもしれません。

　付き合いが苦手、という人は田舎暮らしは大変かもしれません。地元の人にとって都会から来た人は、いわゆる「よそ者」。その「よそ者」が本気でここに住んでくれるのか、を確かめる場所が酒の席。私たちもよく「骨を埋

める覚悟で来てくれたんだよな？」と言われました。そこまで真剣に考えていなかったので（実際、気に入らなかったらいつでも出て行く覚悟でいました）「はぁ」という感じでした。

　移住して15年が経ちましたが、ようやく町のこともわかり始め、東栄町民と言えるようになったかな、と思います。それでもまだまだ知らないことはいっぱいあります。私は中学校のPTAの副会長を務めたり、いろんな会合にも参加しているので、主婦として家にいる人よりは人脈はあると思います。どこに住むにも人とのつながりは大切だと思います。辛い思いをすることもありますが、それも人生経験。東栄町に来て人の輪が広がりました。

　最近、どうして東栄町に来たのだろう、と不思議に思うことがあります。縁もゆかりもない土地にいきなり来たわけですが、どこかで何かがつながっているのかな、と運命的なものも感じます。

　私は東栄町に来て、後悔はしていません。むしろ、こんなに私の人生を面白くしてくれたことに感謝しています。いろんな条件やタイミングもあったでしょうが、この町に住めてよかったと思います。

　来年の春、下の息子も高校を卒業し、自立します。私の子育てもやっと完了。あと5年で家も自分たちの物になるし、そろそろ東栄に骨を埋めてもいいかな、と思っています。

　最後に、都会から田舎に移住を考えていらっしゃる皆さんに一言。謙虚な気持ちと勇気があれば、田舎暮らしも苦にならないと思います。自分の夢ばかり求めていては現実は厳しいかもしれません。でも、「それも人生」ぐらいの大らかさで対処できれば、ゆっくりのんびりした田舎の生活は、心にゆとりをもたらします。

　インターネットが発達し、世界の情報は山奥の田舎でも手に取るようにわかります。田舎に売っていない高級お菓子もネットショッピングで「お取り寄せ」できます。田舎も便利になってきました。でも、きれいな水と空気だけは変わってほしくないと思います。

　先日、何年かぶりに東京に行ってきました。人の多さ、その人たちの歩く早さに驚かされました。自分も都会に住んでいた頃は、この人たちのようにあくせく働いていたんだな、と懐かしく思い出しました。電車の切符を買う

のにも自動販売機の前で主人は「10分ぐらい悩まな買えんなぁ」とつぶやいていました。路線が複雑で乗り換えなど指定するのは至難の業。すっかり田舎人となってしまって、ちょっとしたカルチャーショックでした。

　今、若者たちの間で農業がブームだとか。自然に目を向けるきっかけになれば、うれしいことではないでしょうか。東栄町にも、ここ数年、大学生がインターン事業でやってきたり、森林組合にもIターン者が入ったりと、少しずつ都会の若者との交流が生まれています。大学生たちにチェンソーアートを体験してもらったりして、林業の魅力の一つとして紹介しています。将来、チェンソーアートをやるために移住してきた、なんて若者が来てくれればうれしく思います

東栄町に移住して思うこと

高田　佳宏

　東栄町に移り住んで丸6年が経ちました。
　6年の間にいろんなことがありましたが、正直移り住んで後悔したことはありませんでした。もちろん、問題や悩みなどが無かった訳ではないのですが。
　私が東栄町へ来た理由、それは体のことでした。小さな頃から、アトピーに悩まされていた私は、東栄町の自然と「とうえい温泉」の効能に救いを求め、東栄町にやってきました。初めは、友人、知人などを頼りに東栄町内を転々とし泊まる場所を確保しながら、温泉に通い、知人の紹介でバイトなどをして生活をしていました。徐々に体の調子は良くなっていき、名古屋にいた頃に比べて格段に症状は軽くなっていきました。
　その頃から、私は東栄町へ移住することを考えはじめていたのです。来たばかりの頃は、アトピーの症状のひどさに、なにも考えられず、とにかく自然の中で生活をして、温泉に入れば良かったのです。しかし、症状が良くなっていき、落ち着いてくると現実を見るようになり、このままではいられないことに気づき始めました。そこで私は、東栄町に住もう、ここで仕事をして生活をしようと決断したのです。色々悩みましたが、体のことを考えると、それしかなかったのです。名古屋へ帰れば、家も仕事もありましたが、またアトピーの症状はひどくなるかもしれない。前のようにひどい体に、戻りたくないという思いがあり、決断したのです。
　東栄町に移住することにした私が、最初に悩んだのは仕事でした。その頃は知人の紹介で、森林組合の作業員として働いていました。もちろん正式な雇用などではなく、保険などもないアルバイトのようなものでした。結局そのまま東栄町森林組合の正式な作業員として働くことになるのですが。

東栄町に来る前、名古屋にいた頃私は大工をしていました。小さな頃からのあこがれでもあり、木を好きだった私には、最適な仕事でした。東栄町に来て大工の仕事をするという選択肢がなかった訳ではないのですが、アルバイトながらも、林業に携わっている所に、もともと自然が好きな私には合っているような気がしていましたし、それに森林組合の人たちの人柄にひかれたというのも大きく、この人たちだったら、知人の少ないこの場所でもやっていけると思い、森林組合を最終的に選んだのです。ですが仕事の内容というより、給料については悩みました。名古屋での大工時代の給料と比べると、おおよそ半分程度、それはとても大きな不安を感じていました。田舎に住むなら、そんなにお金は必要ではないんじゃないか、と思われるかもしれませんが、毎月、ギリギリの生活になるだろうとしか、想像できませんでした。だからといって他の仕事を探したところで大差はないのです。
　結局、私には体のために東栄町で暮らすという大前提があり、周りの方たちのサポートなどもあり、乗り越えることができたのですが、それがなければ、途中で挫折していたかも知れません。それは、仕事にかぎったことではないのです。
　田舎で住むには、やはり大変なこともあります。なかでもご近所づきあいというのは、考えられないことばかりでした。組制度・消防団・お祭り・様々な寄り合い、多いときには毎週、何らかの用事がでてきます。正直、つらい時もあります。そして中には、私たち移住者を快く思わない人たちもいます。もちろん、私たちを温かく迎え入れてくれる人たちもいるのですが。「あんた誰？　どこの人？」今まで、何度となく聞かれてきました。
　最初の頃は、なんて答えればいいのかわかりませんでした。東栄町の人にとって挨拶のように使われている言葉です。人口4,000人程度のこの町では、たいていの人が、何処何処の誰々と言えば、大体知り合いに繋がります。悪意もなく話のきっかけとして聞いて来るのですが、私が「町営住宅に住んでいる高田です」と言うと町からの移住者だとすぐわかりあからさまに嫌な顔をする人もいました。中には若い人が山に来て、山仕事をしてくれることを喜んでくれる人たちもいるのですが、毎回出会う人に説明をすることになぜこんな思いをしなければならないのか。これはかなり苦痛になりました。田

舎には地域ごとのつながりが強く、つながりの無い者には、良い顔をしないような考え方があるようです。
　今では、私もだいぶ認知されるようになり、嫌な思いもしなくなりましたが、私にとって一番な事、体のことを思えば、すべて乗り越えられる問題でした。
　田舎に住むには、積極的にならなければならない、回りの行事に参加し、年数をかけて自分を知ってもらうことが必要だと思います。

討　　論

司会：討論の司会をつとめます武田圭太です。3人の方々それぞれのご事情で、それまで住んでいらっしゃったところから東栄町に越してこられたということで、当然新しい土地に対するいろんな思いや期待等たくさんおありになったんじゃないかと思います。必ずしも何もかも良いことばかりではなく、いろい

公開シンポジウム司会　武田圭太

ろと新しい土地での大変なこととかご苦労等もまた新たに体験されたのではないかと思いますが、それをどのように上手に克服し、対応してこられたのかというその辺のことから、もう少し踏み込んだお話を聞かせていただきたいと思います。最初に来られた頃もっとも印象深かった問題と、それに対する取り組みといいますか乗り越え方、そういったことについてのご体験をお話しいただければと思います。大村さんいかがでしょうか。

大村：どんなところでもそうだと思うんですが、引っ越せばやっぱりゼロからスタートですよね、人間関係は。通りがかりのその辺のコンビニで買物するのとは違って、根を張ってそこで生きていこうと思えばスーパーでも、レジのお姉ちゃまと仲良くなるということも地域に根を張っていくことの1つだと思いますが、それだけではなかなか毎日の生活はできませんので、私が心がけたことは、ボランティアをしてまず自分の信用を築こうと。真面目に生きて、ただそこで呼吸して食べて寝起きしてるだけではやっぱり主婦の私は何もしてないのと一緒で、信用も得られません。私を知っていただくこともできません。さきほどもお話ししたけれども町の行事には極力出て、「あんたどこの人？」と言われたら「はい、東栄の下田から来ました。最近引っ

越してきたんです」ってまあ言うわけです。そんなふうにして「こないだも来てたねあんた、どこの人だったっけ？」私も顔を忘れちゃってます、名前も忘れちゃってますが、皆さんそうなんです。そんなふうなことを5年近くやってきて、ある会なんかに行けばもうこの人とこの人とこの人は絶対顔を合わせられるな。「あんたまた来てくれたの」「はい」という具合に今じゃお話できる方も出てきました。この頃では「今度こういうことがあるから時間が許したら来て」なんてお誘いも受けるようになってきましたので、心がけることと言ったら人と人との絆に対して自分がどうするかということだったんじゃないかな。こっちが偏見を持って行動すればやっぱり相手に伝わらないんで、みんなに分かってほしいんだという熱意を常に持って物事に当たってきた結果が今あるのかなと。10年後が楽しみです。

司会：ありがとうございます。今の大村さんのお話は、積極的にボランティアに参画して地元の人達にご自分自身をある意味売り込むというような、そういう姿勢が求められるのではないかというお話だったと思います。そういった点ではチェンソーアートでずっと活動されている谷川さんなんかは正にそれを体現されてるのではないかと思うんですけれども、同じようなことについて何かお考えがあればお話しいただけないでしょうか。

谷川：私は縁があってこのチェンソーアートクラブの事務局をさせていただいて今年で5年目になります。この仕事をやり始めたきっかけもやはりIターンということでした。最初Iターンの人の意見も聞きたいということでいろいろ町づくりとかの会に出席してくださいと言われまして、何回かそういうところで意見をいわせてもらったりとか、そういうことをしているうちに、チェンソーアートクラブができたきっかけも町おこしの事業の一環といった感じで、その関係でこの仕事をさせていただくことになりました。それによって私は人付き合いの輪が広がったなと思います。来た当初はやはり田舎は人付き合いは難しいだろうなという覚悟はしてきてましたので、なるべく会合とか祭とかそういったものには積極的に参加するようにして、私の場合は子供がいましたから、そっちのほうの関係での付き合いもありましたし、そういう点ではまあ溶け込み易かったかなと思っています。そういった中で田舎の人に私の顔を覚えてもらって、という感じで過ごさせていただい

てます。

司会：ありがとうございます。大村さんも谷川さんもどちらかというとご自身から積極的に、自主的に地元の人達の中に入っていこうという姿勢が大切だと思われ、実際にそうしてこられたわけなんですけれども、それ以外には周りの人達からどちらかというと助けてもらいながら、そこからだんだん自分のペースを掴んでいくというような適応の仕方も考えられると思います。高田さんの場合は、先ほどのお話の中で、谷川さんのご主人が東栄町に引き入れていただく時に、重要な役割を果たされたと伺ったんですけれども、谷川さんのご主人以外にも、東栄町に来られたあとで周りの人達からどういった支援が、高田さんご自身の定住に向けての気持ちを形作っていったのかという、その辺のことについて何かお話があればぜひ伺いたいんですが。

高田：私の場合は谷川さんの関係なんですけど森林組合が、やってくれる方がいないというのが現状なんです。谷川さんの旦那さんが入ったあとからほとんどやってないんです。1人いるぐらいですかね。あと皆さん入られてなかったので。どちらかというと山仕事をやるということで受け入れてくれてるというのが大きな要因だと思います。やっぱり山に行ってますと地主さんとか山持ちの方が、最初は絶対「あんたは誰だ」と聞かれるんですけど、まあここは別に普通に、「名古屋から来ました。今、森林組合で働いてます」というと、「よく来てくれた。山がまた生き返ってくれるから嬉しいよ」ということをすごく言われまして、僕はそれで心強くなりました。森林組合の方達のサポート、あとは独身なのでそこから森林組合の方の知り合い、そのまた知り合いというふうに出会うきっかけがあります。あとは消防団にも入ってまして、そこで今度は若い方達と出会う機会がすごく多くなりました。そういうところで幅が広がっていったというのは事実ですね。

公開シンポジウム講師の皆さん

司会：どうもありがとうございます。東栄町は中山間地、山の

中の町ということで林業が従来非常に重要な基幹産業としてあったわけですけれども、主たる産業の維持ということについては私的な活動だけではとうてい持続できません。当然そこに公的な、特に行政からのいろんな支援とか援助が不可欠ではないかと思います。今度はそういった働く場、それから先ほどの3人の方々のお話の中にも何度か出てきました住む場所、住宅について、行政を中心とした公のほうからのいろんな援助について皆さん方が感じておられる、まあ不満も含めて何かもう少しここをこういうふうに助けてくれたらもっと住み易くなるとか、あるいは速やかに移住できたんではないかというようなことがあれば、お話しいただければと思うんですけれども、いかがでしょうか。

大村：東栄町の中を動き回れば、住んでらっしゃらない家はいっぱいありますよ。どうなってるんでしょうね。私が住居として探してる時より、空家は今増えてるかも知れません。でも売ろうとか貸そうとかいう話はあまり聞かない。別荘的感覚で個人の方がお家を建てて5棟とか10棟とかいうようなものはあるんです。でも例えば「慣らし」みたいな、山に住みたいけど町ばっかりで育ってきて、本当にそこで住めるのかどうか迷ってらっしゃる、田舎で暮らしたいなという望みの方がテスト的に住むようなものも特に東栄町はないです。そんなものでもあれば、例えば限定3年間ぐらいで農作業も体験できて、そこから延長してこの分譲地に家を建てていただいて住んでもらおうとか、そういうような公な道は情報がないですね。その辺町としては人口がどんどん下がっていって、3,000人をいつ切るんだ、10年か8年か、なんて言ってる割にはそういうふうに役場さんだけでなく住民個々もその辺の危機感をどれだけ感じてるかというと、あまり感じてないようにとれるんですね。「おれら食ってるでええやんか」「自分の食べるもんだけ田畑でできるでええやんか、荒地になっとっても」というような考えの方がほとんどとは言いませんが、かなり多いんじゃないかと思います。子供さん達が育つ時に離れを作ったとか、大きな敷地の中に別棟が何戸かあっても、それは納屋でも倉庫でもない、ただ空いて放ってあるだけとか、そんなお家もけっこうあるので、そんなのを1つ1つ行政が説得して助成金を出して、温泉はあるんだからトイレと流しが付けば仮住まいできますよね。ちょっと体験にと借り受

けられる、そんなようなことでもしてくださったら、少しの間の足がかりでも人口が増えるだろうと思うんですけどね。

司会：空家に関する情報が集められていないとか提供されていないという問題とは別に、先ほどのお話の中で、探したんだけれども不動産屋さんを含めてなかなか貸してもらえない、よそから入ってきた人達には貸さないような構えが何かありそうなふうにも聞こえたんですけど、そういった問題はありますか。

大村：どうも意識の中にはご先祖様からもらった田畑を取られそうな気がほとんどしてらっしゃるみたい。30代40代の人達にはどうかというと、「じいちゃんばあちゃんがウンと言わんものは触らんよ」という感覚。もう少し何とかしてくれたらという思いはありますね。

司会：ありがとうございます。この問題については皆さん方もいろいろとご意見があるんじゃないかと思いますが、それは後半の討論のところで、もし何かあればお出しいただくということにして、次の論点に移らせていただきたいと思います。もう1つ少し気になっているのが、谷川さんがやっておられるチェンソーアートクラブ、あまりなじみがない方もひょっとしたらいらっしゃるかも知れませんので、少しPRをしていただければと思うんですが、いわゆる地域からの情報発信、そうした活動が新たに定住者を誘い込む、呼び込む上で、何か有効な可能性があるのかないのかというようなことと併せてお伺いしたいんですが、どうでしょうか。

谷川：お手元の資料にも入れさせていただきましたが、今年で第9回目のチェンソーアート競技大会というのを5月に開催いたしました。日本全国とアメリカからも選手に来ていただきまして50数名で、日本でも一番大きなチェンソーアートイベントとして開催しています。歴代在籍クラブ員が100名を超すという、日本でも最大のチェンソーアー

谷川美恵子さん

トの団体として成長しています。きっかけとしては2000年の東栄町の記念イベントにアメリカの世界チャンピオンのブライアン・ルースさんが来日され、初めて私達の目の前でチェンソーアートの妙技を披露し、講習会もしていただきました。その時講習を受けた地元の有志が集まってクラブを設立しました。ところが田舎の方といっては何ですが、やはり新しいものを受け入れるのがちょっと苦手なんじゃないかなというところはありますね。「もともとあるのをどうしてこう変えなきゃいけないの」だとか、「このままでいいんじゃないの」という思いがあるような気がして、「チェンソーアートなんて、何だそれ」という感じで。1回目の大会はたまたま国のほうからご支援をいただいてやったんですけど、「そんなお金があるなら福祉のほうに回してくれ」とか、そういった意見がありました。どうしても新しいものを取り入れるのが苦手だなというのがあります。でも何とか9年やってきたわけなんですけれども。そうするうちにだんだん農林水産省の認定事業として認められたり、林業の全国組織である団体からチェンソーカービングの本なんていうのを出してもらったり。そういったことで周りから認めてもらうことによってチェンソーアートというものが町民にもやっと知られてきました。周りから認めてもらったという感じが私はすごくしています。「チェンソーアートをやるためにこちらに引っ越してきました」なんて言ってくれる人が今後出てきてくれたらとても良いことだなと思っております。

司会：ありがとうございます。東栄町といいますと皆さんご存じのように花祭が伝統的な行事としてずっと継承されてきてるんですが、そういった昔から引き継がれてきている伝統文化を発信していくという形で地域をアピールするやり方ももちろんあると思います。同じような効果として、新たに例えばチェンソーアートのような活動が始まっているということだと思うんですけれども、従来からの祭のような行事の運営や取り組みとはまた違った新しい反応が、こういうチェンソーのようなアート活動に対して、手応えとして感じられますか。

谷川：東栄町にはもともと伝統的な花祭という歴史ある行事がありますよね。私がそのことについてふれるのは、あまり知らないのであれなんですけれども。東栄町内に来ていただくと、あっちこっちの道路脇にチェンソーアー

トを置かしていただいたりとかして、町を活性化させる1つの新しい手だてとしてすごくPRになると思うんですよね。そういう形でチェンソーアートは活性化に一役買ってるのではないかなと思っていますけど。

司会：どうもありがとうございます。高田さんには先ほどこの会場に移る前に、森林組合の件について少し雑談で伺ったところ、つい最近後輩の方が入ってこられて、森の仕事に従事する新しい力が加わったということで、すごく期待の持てる気がするんですけれども。特に林業を始めとして地元で働く機会の現状と、将来的な見通しとか可能性、問題や改善点などについて、お考えになってることがあれば。就業・雇用の機会についてはいかがでしょう。

高田：今年の4月に名古屋からの新人が1人入りました。僕と同じように単身で、山仕事をやってもらえるようになったんですけど、やっぱりまず苦労したのは住宅なんです。家をけっこう探しまして、森林組合のメンバーともいろいろ話して、結局町営住宅は空いてなくて、まあ民家の離れみたいなものだと思うんですけど、そこにその子は暮らすことになりました。森林組合は今募集をしていて、働きたいと言ってもらえる人がけっこういます。ですけど皆さんと話してるとどうしても一番最初に住宅をどうしようかという相談になるんです。役場に電話をするとまず「空いてない」と言います。確かに空いてないのかなとは思うんですけど、やっぱり住むところが確保できないと僕達も呼べない。来てほしいけど難しいというのがほとんどですね。森林組合というのは思った以上に今見直されているのか、県のほうでも「緑の雇用」といって、新人を育てようという補助が下りまして、どんどん新しい人が参加できて、森林組合としても助かる。お金の面でも国が補助してくれるという形がありまして、入り易くはなってきてるんですけど、やっぱり住宅の問題がすごく大きい。東栄町の高校はもう無くなって、昔使ってた寮があるし、近くに電力会社があるんですけどその寮も

高田佳宏さん

余ってるという話をよく聞くんです。ただ聞くだけで、まあ見たことはあるんですけどほんとに空いてるんですね。そういうのを活用してもらえれば、雇用のほうはもっとうまく、森林組合だけじゃなくてもうちょっと動くんじゃないかなと思うんですけど。

司会：ありがとうございます。家の問題、それからボランティア等の社会活動の問題、それから雇用法に関わる就業機会の問題というふうに、簡単ですけれども基本的な事項について少しご意見をいただいたわけなんですが、それ以外に、定住をするということに関連して基本的に大切で根本的な課題があれば出していただければありがたいと思いますが、いかがですか。

大村：先ほど花祭というのが出ましたが、私の住んでるところは花祭のない地域なんです。でも、とあるところでお話をしてましたら、「花祭に関わりたくないから東栄町を降りたんだよ」という新城の年配の住人がいたり、「喘息がひどいので、紹介してくださる人があったから東栄町へ引っ越したけど、花祭をやりたくて東栄町へ引っ越したんじゃない。健康になりたいから東栄町に行ったのに、お仕着せで花祭に関われと言われる。健康もちょっと安定したのでやっぱり東栄町から去ります」。そういうお話を聞くと、「何なの？」ってなっちゃうわけですね。私なんか緑が良くて東栄町のこのポヤーンとしたのが良いのに、何で降りてっちゃうの？ということなんですけど。やっぱり両極端で、お祭の大好きな人はご飯も食べないでもやってるんですよ。でも365日とは言いませんが花祭の準備というのは、終わった時からもうすでに何か始まってるんですね。終わってすぐの時は毎日じゃないにしても、3か月4か月してくると毎週土日何かそれに関わらなきゃならない。子育てして子供とも関わりたいのにという、出ていかれたその方の気持ちは分からないでもないですよね。普通サラリーで働いてれば、子供とべったり遊ぼうと思うと土日祭日しかないわけで。いくら通勤時間が短いからと言ったって、真っ暗な中を外で遊ぶわけにいかない。ということになれば土曜日曜でしょう。それを花祭の準備にみんな取られちゃう、朝から晩まで。自分自身の趣味もできない。こういうこともあるんだというのは、やっぱり東栄町に関して、あるいは豊根なんかに関して、山間部への移住を考えるならば、それも1つ留めといて入っていただかないと。私自身花祭の時に、よそ者だ

ろうが何だろうが、「はい、あがってきゃあ、飲んできゃあ」と言ってるから、そんなもんだと思いましたよ。前住んでた東郷とはえらい違い、東栄町ええわ、なんて思って、来ていざ住んでみたらとんでもない。閉鎖的で、やって当たり前。その行事のことに参加して当たり前が多いんです。長老が多いんです。だからその人達とぶつからないようにどのようにやっていくかという知恵を使いながらでないと、花祭をやっている地域にもし入居されたら大変だと思います。

　やはり諸事情があってIターンされた若者を1人知ってますが、彼の住んだ住居は花祭で地域外からものすごくたくさんの人が来るところで、「何が何だか分からないで花祭に関わってしまって、僕この春は花祭見んかった」と言ってましたよ。「え、見なかったの？」「何か裏でゴソゴソしてるうちに終わっちゃった」。そんなふうなんですね。彼は花祭があるということは知ってたけど、花祭にどう自分が関わっていいか分からないから言われる通りにいわば使い走りだけやってたという。それで実際の祭は見てない。「花祭を見たことないんだから、見せてあげれば良かったのに」と世話役さんに言ったら、「そこまで気い使わんかったわ」と言ってみえる。ちょっと5年のベテランがいらんことを言いました。「今度は見せてもらえるらしいよ」と言ったら「楽しみです」と。そんなふうに楽しみになる人はいいですよ。じゃなきゃ、あんな苦痛なものはないそうです。私は傍観者ですからいいんですけどね。やはり東栄町に移住するならそれも1つ心に留めて。腰掛けならいいでしょう、面白いだけです。飲んで楽しめます。それだけですよ。

司会：どうもありがとうございます。ちょっと厄介な問題が。この主題だけでシンポジウムができそうな気もします。いろいろ、「いや、そうじゃないだろう」というご意見の方もいらっしゃるかと思いますが、ちょっと我慢して後半に回していただきたいと思います。伝統行事をどう継承するか、これは本当に重要な問題だと思うんですが、そういうこともあるということでひとまず次に移らせていただきたいと思います。さっきこちらに来る前の話の中で、子供の教育をめぐって、例えば通学するのにあまり交通機関の利便性が良くないとかいうお話があったんですが、そういった教育問題に関連して、何かお気付きのことがもしあれば。谷川さんいかがでしょうか。

谷川：私が来た当初は一番上の子が小学校5年生で、あと5歳と2歳だったんですけど、小学校、中学校、高校、全部地元から通わせました。教育問題というか、小学校はほんとに小規模校です。娘が入った時も全校で50人でした。娘は前800人のところにいました。すごいカルチャーショックだったと思います。クラスメートが5年生で11人でした。親としては本当に塾に行かなくてもいいし、先生が手取り足取り教えてくれて落ちこぼれがなくていいわと思ってたら、娘は「とんでもない、すぐ当てられるし忙しくて大変」と言ってましたけどね。でもすごく個性を大事にしてくれると思うんです。1人1人にちゃんと先生の目が行き届いて。実際うちの息子もすごく給食でつまずいたんですね、小学校1年の時に。好き嫌いが多かったのでなかなか食べるのが進まなくて、楽しいはずの給食がいつも苦痛の時間になってたんです。そうしたら担任の先生が、何と「じゃあ好きな給食を作ってあげるからメニューを教えてください」って言われたんです。ええ？と思ったんですが、「少しでも楽しく学校生活を過ごせるようにしてあげるから」と言ってくださって、本当にびっくりでしたね。下の息子も卵アレルギーがあったもんですから、給食で卵料理が食べられないんです。そうすると特別にうちの息子だけのために唐揚げにしてくれたりとか、好みに作ってくれるわけです。都会では絶対あり得ないですね。そういうことでも助かったなあと思います。

大村：今彼女がおっしゃったように、本当に教育という点で何が困るかと言えば高校が無くなってしまったということです。事実大変だと思うんですけど、都会にいる子供さん達よりも東栄町の子供達は幸せですよ。本当にのびのびと育ってまして、自然と関わって、大人と一緒にいろんなことができる。さっき花祭反対の話をしましたけど、子育て真っ最中の、都会から来て喜んでらっしゃる親御さんの例を言うならば、「父親と一緒にこんな頃から花祭に関わる。大人の世界に子供が一緒に参加できることは、今の世の中にはあまりない。これはすごいことです。高等教育なんて今はコンピューターでいくらでも資格は取れる。こういう貴重な体験は東栄町の子だからできるんですよ」とおっしゃっていらっしゃるんです。私みたいに子育てが済んじゃってる大人から見ても、みんな素直です。元気で挨拶ができます。目は生き生きとしてます。先生方は子供らに目が行き届きます。よじった心なんか作っ

てる暇はないぐらい。今もおっしゃったようにすぐ当てられちゃうから忙しい。落ちこぼれそうになれば先生が引き上げてくださる。中学校までそれですよ。卒業後はアッシー君としてお金がとても要って、といういやな面もありますが、とっても子供を育てるには環境の良い場所ですね。

司会：子供が学校に通う交通の問題について、谷川さんに少しお話を聞かせていただければと思うんですけど。

谷川：私が住んでる家はバス停からも近いし駅からも近いんです。車で5分もあれば行けるところなのでまだいいんですけれども、もっと奥から通う人は毎朝30分ぐらいかけてお母さんが車で駅まで送るという生活をされてるんですね。ガソリン代だけで大変だと思います。時間もその間拘束されますしね。飯田線東栄から例えば新城の高校とかに通うにも、本当に1時間に1本とかそんな感じで、私もよく、寝坊して遅刻すると息子に新城まで行かされます。都会だったら5分待てば次の電車が来るのに、そういう点ではいろいろ大変です。

司会：どうもありがとうございます。花祭のお話の中で、年配の方との世代の違いというようなことが少し関わってきてるんではないかというふうに私は聞いたんですけれども、特に若い人の人口が減ってきていますから、どうしても高齢者の方の数が増えて、いろんな機会にその発言といいますか指示で動くといったことが多いんじゃないかと思います。そういう世代間の考え方や感じ方の違いということで、高田さんが一番お若いんですけれども、何か日頃感じてらっしゃるようなことがあれば少しお話していただけないでしょうか。

高田：世代間のことはなかなか難しいんですけど、私の場合山仕事をやっておかげで、上の年配の人と出会う機会が多いんです。70歳を越えた人もいますし、けっこう幅広く付き合いをさせてもらってるので僕としてはいいほうなんですけど、若い子というのは全然、まあそういう花祭があれば出会うんですけど、他ではまず出会わない。消防の会合とかいろいろあって、私は本人なので全ての会合に出なきゃいけない。そういうのが苦手な人はだんだん辛くなってきて孤立していっちゃう面があって、そこがすごく難しいと思うんですけど、自分で積極的に年寄りにもしゃべる、全然知らなくても行っ

てまずしゃべるということをしていかないと、だんだん孤立していくのは事実です。まず若い子を味方に付けるというんじゃないんですけど、そこから幅を広げてお年寄りにもしゃべっていく。自分自身で動くのはすごく楽だったので、簡単にお年寄りには接することができるんですけど、普段はほとんど出会いがないと思うので、そこが難しいところかなと思います。

司会：ありがとうございます。結局限られた地域の中で年齢も性別も超えて結び付いていかないと、なかなか日常生活そのものがうまく成り立たないということではないかと思います。そういう基本中の基本の課題について、大村さんだったと思うんですけど、「結い」をもう1回作って再生することが非常に重要ではないかというご指摘を書かれていたと思います。ちょっと前後しますが、ここまではどちらかというと基本的な問題点を全て洗い出してもらいたいということで、どっちかというと否定的な、落ち込むような方向での話ばかりだったんですけれども、やっぱりそういうことを全部克服した上で、最終的にはみんなが結び付いて集落の町を作り上げていくということだと思います。結いの再生というようなことについて特にお考えになっていることがあれば。

大村：まず「結い」という言葉のアクセントがあるのは「ユ」ではなく「イ」なんだそうです。私も指摘されたんです。結いというのは昔からの先人達の知恵だと思います。合掌造りの屋根の葺替えは結いのグループです。地方から都会から、いっぱい来てやっている。あれと同じようなことがこの三河山間部にもまだまだ残ってます。でもその結いのグループを形成している人達が高齢化したために自然崩壊してるんですね。助け合いなんです。お茶摘みをするのは新茶の時期、限られた日数の間にやっちゃわなきゃいけない。おじいちゃんとおばあちゃんの2人でやったのでは何日かかるか分からないけれども、あっちの人こっちの人が仲間でやれば1日あるいは半日で終わる。終わったら隣へ行ってまたやって、というふうに、労力を集中して放り込んで1つの仕事をやる。その結いが以前は田植えや稲刈りでも当然なされてました。でも田植えは今ほとんど機械ですよね。稲刈りもコンバインとやらが来て、乾いてるか乾いてないか分からないのを穂から外して「ハイ」と言って農協の倉庫へ行っちゃう、というような時代ですので、結いが要らなくなっ

大村孝子さん

てきてます。でもやはり結いがなきゃ田畑のことができない人がいっぱいいるんです。結いの1つのルールは、やっていただいたらお礼に労働提供をしなきゃいけないんだけれども、高齢化で自分のところのことさえできない。20年ほど前に「すぐやる課」なんていうのが話題になった市町村があったんですが、何でもやってあげるというそんな課がもしできて、そこに50人ぐらいの元気なおじいちゃんおばあちゃん、おじさんおばさんが登録されてたら、ちょっとお手伝いに行けるんじゃないか。例えば「窓を掃除したいんだけどシルバーさんに頼むのはちょっと。お金払って窓掃除はどうも」と思ってみえる方があるかと思うんです。「今日ちょっと2時間、法事があるんでやってちょうだい」。そういうお電話いただいて助け合っていけるようなのがいいんじゃないか。「お買物に行きたいけどちょっと今足腰悪くしちゃったので買物に行ってほしいんだけど」。今そこまでのボランティア組織が東栄町にあるとは伺ってないんですね。ですからそんなのが結いの変形でどこかにできたら、率先して手を挙げて行動したい、というようなことを考えています。

司会：ありがとうございます。谷川さん、ちょっと違った観点なんですが、たぶん似たようなことではないかと私は受け止めてるんですが、良い意味での「村意識」というようなことに触れられてたと思います。村意識の良いところとしてはどういったことがあるでしょうか。

谷川：東栄町は小さい町ですから誰かが何かやったらすぐばれちゃう。噂が噂を呼んで、みたいなところもあるんですけれども、例えば地域の部落のところへ違う車が入ってくると、どこの誰だという感じで、ナンバーを見ただけでよそ者が来たってすぐ分かっちゃうんですよね。防犯上とかそういう意味ではすごく良いんじゃないかなと思います。

司会：どうも。まあお互いに顔見知りで、困った時は自然に相互で助け合うというような関係体が一時的にではなくずっと、何の手を加えることもなく持続していければ、いろんな問題が自ずと解決していくのではないかと思うんですけれども、基本的にそういった担い手となる人そのものの数が減ってきているということ、それをどうやって解決するか、これは非常に難しい課題ではあるんですが、1つの対処法として地域内だけではなく他の地域との間の人の動きといいますか流れといいますか、そうしたものを絶えることなく繋ぎ止めていく、引き継いでいくというようなことが、テーマとしてはよく議論されているかと思います。それで実は、佐藤元彦学長が出しているんですが、お手元の資料の中に愛知県交流居住センターという冊子があると思います。ここの活動を中心になってやってくださってるんですけれども、せっかくですので今の繋がりとか往き来とかいうことについて、今日の3人の方々のお話を聞いてくださった上で、ご意見があればぜひ伺いたいんですが。

佐藤：すみません、ちょっとお時間をいただいて。お手元に愛知県交流居住センターというパンフレットがありまして、そちらの仕事をさせていただいています。これは愛知県とは付いてますが基本的に任意団体でございまして、今後は法人格を取るべく今、いろいろと頑張っているところです。もともとは県のほうに交流居住研究会というのがありまして、そちらの座長を務めさせていただいたという関係があって、このセンターが発足した時にセンターの仕事をするようにというお話がありました。私自身非常に関心があるのですが、実は今日お3人の話を伺っておりまして、私自身が見聞してきた課題なりと全く同じような印象を持っておりました。このセンターはマッチングというのを1つのテーマにしてるんですが、やはりどちらかというと中山間の方々が、受け入れということに関してなかなか一言で言えば心を開いていただけないというところが非常に大きな問題でありまして、その点で先ほどのお話にもあったんですが、空家はあるんですけれどもそこになかなか住まわせてもらえないというような、大きな問題があります。ぼちぼちいろんな形で定住をされるケースが出てきてはいますが、できれば今日ちょっとお伺いしたいなと思ってましたのは、いわゆる農村と都市、あるいは中山間と平場の交流なり関わり方というのはいろんな形があると思うんですけれども、

愛知県交流居住センターの活動を説明する佐藤学長

定住を選ばれたということについて、例えば政府がよく言っている二地域居住とか、それから日帰りで例えば週末に山村に出かけるとか、いろんな関わり方があると思うんですが、いろんなご事情があるのは先ほどのお話でよく分かったんですが、最初から定住ということを考えられた、その辺のお話をもう少し、つまり別の言い方をすると二地域居住であったり、日帰りで関わるという形ではなくて、最初から定住があったということについてもう少し教えていただけるとありがたいと思います。

大村：山村で暮らそうと決心をする年齢が年齢だったんですよ、実は。別荘感覚で週末だけ、あるいは町に仕事のない時だけということも少しは考えました。でもいずれ70過ぎて80になって、それでもやっぱり緑の中に住んでいたかったんです。それじゃあもう行ったり来たりなんて落ち着かない状態よりも、未練たらしくどこかの町に家を残しているよりも、パッと整理して行っちゃおう。ただそれだけのノリなんです。私なんて社会人になった時にコンピューターの走りから関わりましたよ。「何で機械に使われなきゃいかんの」「何で機械のためのクーラーなの」と言って健康を害した人もいます。そういう中でどんどん自分の考えてることよりも周りが勝手に動いていく速さに辟易してたんですね。日が昇ったらお日様見てりゃいいじゃない、夕焼けになったら夕焼けを見て「あれ、お腹すいたご飯にしようか」という生活だっていいじゃない、という思いが2人にあったもんですから、じゃあ行ったり来たりじゃなく定住しかないだろう。「明日用事があるからまた帰って」という、何か追われるようなそういうものは全部断ち切りたいということが、定住する大きな理由でしたね。

谷川：私の場合は息子の病気ということがあったのでもう移住するしかない。移住した当初、実は娘は田舎に住むことを非常に嫌がりました。すでに

都会での便利な生活を経験していましたので、高校を卒業するとすぐ都会へ出ていってしまって今も帰ってこない状態ですけど、もしかすると一応娘も田舎でのきれいな水と空気の生活を経験していますので、やっぱりそういったことが何年かしたら分かって、戻ってきてくれるんじゃないかなという思いもしてますけれども。

司会：どうもありがとうございます。高田さんいかがでしょう。

高田：僕もちょっとアトピーのほうなんですけれども、ずっと名古屋に住んでて便利さはどうでもよかったというか、便利だから何なのかなというのがずっと僕の中にはありまして、コンビニが近いから便利なのか、バスが近いから便利なのかというのが不思議というか何も良さを感じなかったですね。だったら田舎に行ってもいいんじゃないかなというのはあったんです。住んでみれば全然、まあ確かに車がないとちょっと不便なのは事実なんですけれども、それでも東栄町で言えば全てが揃ってると思うので、食べ物を買うところもそうですし、温泉もありますし、自分にとっては全然何も都会と変わらないんじゃないかというのを実感しまして、名古屋に住んでた時よりも違和感が何もないんです。僕は都会が何が良いのか、住んでた自分が分からなかったものですから。

大村：最低限のものは揃ってますからね。ちょっと時間をかければ全部揃ってます。

司会：どうもありがとうございます。それではまだ個別にいろいろ聞きたいこともあるんですけれども、一応ひとまずここで休憩に入りたいと思います。そのあと皆さん方もさまざまなご意見がおありかと思いますから、15分後の2時45分から会場との間の質疑応答ということで再開したいと思います。冒頭で有薗所長が申し上げましたように、後ろのほうに私達の研究所の刊行物が並んでおりますので、ぜひ休憩時間にでもお手にとって見ていただければと思います。ではひとまずこれでお休みしたいと思います。

司会：3人の皆さんから第二のふるさとについていろいろとお気付きの点を語っていただきましたので、そうしたお話を踏まえてご質問あるいはご意見等を、今度は会場の皆さんからいろいろと出していただいて少しお話し合いをしたいというふうに思っています。いかがでしょうか、ご意見等おありの方は挙手をしていただければありがたいんですが。

参加者：東栄町の町営というか、ピンチだと言ってテレビを賑わしましたが、最近どうでしょうか、町営の医療に関する心配、昔はたくさんの医者が集まってきて、お参りかたがた病人が寄ってきて、一見ここにはお医者さんがたくさん並んでいたという話ですが、今はどうでしょう、医療の心配はございますでしょうか。それについてお伺いいたします。

司会：はい、どうもありがとうございます。どうでしょう。

大村：今日は町長さんがいらっしゃってますので、私が今からお話しすることが間違っていたら訂正してください。今の病院の件ですが、黒字になっております。民営化になって院長が非常に頑張ってくれてまして今黒字です。病院の内装工事なんかも改修でやってまして、大丈夫です。

参加者：産婦人科はどうですか。

大村：それが無いんですよ。

谷川：ですから実際にちょっと知り合いの人に聞いた話なんですけど、赤ちゃんを生みたくても生めないから東栄町を出ていったという人もいます。どうしても浜松とかあっちのほうまでいかないといけなくて、大変なんです。

大村：だから浜松聖隷の近くにマンスリーを借りて、予定日の3週間前になったら親子でマンスリー生活。生まれたら帰ってくる。帰ってきて暮らさなきゃならない。これが現状ですね。それは東栄というよりも、新城がだめになってるがために東栄にもその影響が及んでいるというのが事実ですので、町長さん、産婦人科を作って。そうしたらもっと人口が増える。若い人がいっぱい定着してくれると思います。

司会：はい、ありがとうございます。他にどなたかございませんでしょうか。

田中：田中と申します。東栄町ではないんですがこの地図を見てましたら、佐久間町に浦川というところがありますね。私は歴史が好きで、子供時分に本で知った話ですけど、浦川に住んでた老夫婦が猿を可愛がってて、おじい

さんおばあさんが殺されたんですね。その犯人を猿が教えたという話が残ってる。犯人逮捕に猿が繋がって、猿が犯人を追い詰めた。それぐらい老夫婦が可愛がってた。正式な題名は忘れましたが猿の恩返しという古い話、実話らしいです。ちょっと東栄町の地図をさっき見ましたら、県の文化財綾杉とか、その上に夕立岩とか、ハイカラな名前の古木とか岩があるから、そういうものにまつわる昔話、岩手県の遠野郷に民話が残ってるように、東栄町にも昔話、伝説みたいなものが当然何か残ってると思うんです。そういうものを調べられると、興味のある人はけっこう訪ねるんじゃないかな。

大村：今、中設楽の村おこしのグループが、中設楽の地域の中だけですけれどもハイキングコースを設定して、パンフレットにして頑張っていらっしゃいます。

田中：名所案内ですか。

大村：名所案内ではなくてハイキングコースの中にそういう場所も入っていて、立て看板等を立てて。「元気城山」っていうクラブです。ちょっとそのパンフレットには付いてませんけれども。

田中：お城があったんですか。

大村：はい、中設楽城というのがあります。それともう１つ亀山城というのと２つあります。攻めてきたというよりも、聞くところによりますと東栄町は信玄派だったようです。でもそれ以上はちょっと。知識的にはそこまでです。

田中：現在の町をどうするかということでお３人はお見えになってて、ちょっと古い話では当てはまらないかも知れませんね。ありがとうございました。

司会：どうもありがとうございます。他の方いかがでしょうか。はい、お願いいたします。

宮本：豊橋の宮本と申します。１つお伺いしたいと思います。先ほどの花祭の件ですけど、中

公開シンポジウム会場　参加者からの発言

には花祭に関係ない部落があるというお話を聞きまして、初めてそういうところもあるんだなと知ったわけですけれども。どうしても初めて入った者はよそ者だと。やはり先ほど言われた森林組合とか花祭の渦の中に巻き込まれて汗を流し、1杯飲み、徐々に地元に溶け込んでいくものではないかという気がするんですけれども。じゃあその場合に、関係のない部落の人でも「いや俺はお祭が好きだ」という人は任意で行けるのか、そこの部落にいる限りは一切それはしないものなのか、そういったことについてちょっとご説明願えればと思います。よろしくお願いいたします。

谷川：はい。実は私と高田さんは同じ部落というか近くに住んでいるんですけれども、うちらの部落には花祭があります。移住した当初から、子供の舞いがあるのでそれをやってくださいということで依頼が来て、舞わせてもらって、主人も会員になってお手伝いをさせてもらったりはしています。ただその地区だけでは維持できなくて、地区を広げるんですよね。それについてやっぱり問題があるみたいで、本当の良い舞いは地元の地区の人がやって、周りの人にはやらせられないとか、そういう意識はすごくありますね。うちの部落は今までずっと男ばかりでやってきたんですが、今年から女の子も入れざるを得ない状況になってきたり。他の部落だともうちょっと開けていて、よその人も入れて舞ってもらうとか、そういうところもあります。花祭をやる場所が11か所あって、その場所によって考え方の違いもあるかも知れません。すごく自分の部落を守るところもありますし、そうじゃなくもっと都会の人も入れて賑やかにやろうというところもありますけど、ほんとの大切なところは入れませんね。私達でもきっと入れないと思います。

大村：東栄町の花祭11か所はいいんですが、Ａの集落で舞ってた人がＢの集落へ行って同じように踊れるかというと、拍子が違う、舞いはもちろん違う、そういうことはありますよ。でもご質問が「フラッと行って花祭で舞わしてくれるか」ということですと、舞わすのはちょっと無理かも知れないけど、祭に参加して、その辺で一緒に拍子を合わせて踊ることは誰でもOKです。それはどこでもOKです。ですから今日あそこで花祭をやってるらしいといって、突如パッとそこの会場に行っていただいてOKです。今地域を広げて関わるようにと言ってるのは、舞い手が少なくなったからＡの集落もＢ

の集落もミックスして踊ってる。それから花祭の無い集落があると申し上げましたが、「実家が花祭をやってるところなので孫はそこへ行って踊ってます」「婿さんが足りないからそっちへ行って踊ってます」と、今そういう意味では地域が混とんとしてるんではないかと思います。でも基本線は今言われた通りなんです。男の人しかだめだったんです。でもこの5、6年女性もということで、外国の方も来て踊ってますよ。小林というところへ行きましたら、とても鄙びた舞台で、ぜひあそこは皆さんに1度行っていただきたいなと思うんですが、ほんとに鄙びた建物の中で、去年の11月にはロシアの方でしたかね、とても良い感じで踊ってくださった。そういうことも認めざるを得なくなってきてるんです。外人であれ女性であれ、アカンと言っていてはもう祭そのものがやっていけなくなってきてますので。

司会：他の方いかがでしょうか。

佐藤：あと2つほど、せっかくの機会なので伺わせてください。1つは大村さんと高田さん、お2人にお伺いしたいと思うんですけれども、県が行った調査では、特に名古屋市内の方々について、将来例えば短期的であれ山村で暮らしをするということを考えた場合の希望として、必ずしも三河に繋がってこないで、どちらかというと岐阜県とか長野県というのが希望としては多いというデータが出ています。お2人はその点、最初から三河をお考えになっていたのか、それともいろいろと考えられて最終的に三河というふうになったのか、その辺のところを教えていただければ、というのが1点です。それから2つ目は、観光カリスマと言われている井上さんという人から教わったことなんですけれども、どうもお3方のようなケースが増えてくると、あるいは短期的にであれ、その地で生まれた方ではない人を受け入れるという体験をすると、その地域に息子さんとかお孫さんが戻ってくるという傾向があると、これもデータに基づいた分析なんですけれども聞いたことがあるんです。2つ目の質問は、東栄町に住まわれて、今まではそういうケースはなかったけれども、息子さんとかお孫さんの家族が戻ってきたというようなケースが近くにあるかどうか、その辺のところをちょっと教えていただきたいと思います。

司会：ありがとうございます。最初の質問なんですけれども高田さんいかが

ですか。

高田：なぜ奥三河かということなんですが、私は恥ずかしい話、名古屋にいて東栄町も知らなかったんです。山が好きだという人がいれば知ってたと思うんですけれども。私の場合はちょっと別で、アトピーの関係もあって基本的に最初は離れるつもりはなかったんです。ほんとに偶然に谷川さんの関係で知り合って。でも1回友達に連れていってもらって奥三河を好きになったというのは事実です。あと他県に行きたくはないというのはあったんです。愛知県にいたいというのが一番で、その中で足助とかも割合山間部と言えると思うんですけど、もうちょっと奥に入った山が好きだったので、そういう意味で奥三河になりました。

司会：ありがとうございます。大村さんいかがですか。

大村：最初の自己紹介の中でも触れましたし、この会に提出した書類の中にも書かせていただきましたが、不思議なことに三重県、岐阜県は2人とも全然頭の中になかったです。これはまあ本能と言わせてください。あとは四季の折目節目があるところ。ですから渥美半島とか浜松、静岡、あちら方面は暖かすぎてだめ。もし母が東栄町にお世話になってなかったら、小原あたりにしていたかも知れませんね。でも小原ってけっこう雪が積もるんですよ。先ほども申し上げましたけど東栄町って10時ぐらいになったら豊川から上がってきても入れるんですね。市場、本郷あたりは。ただ中設楽トンネルから奥は周りが雪ですし道路はシャーベットです。3年半ずっと走り回った結果、すごい吹雪の時足助方面からこちらに向かってきても、こちらへ来ると雪の状況が違うんですよね。なおかつ中設楽を向こうのほうから来ると中設楽トンネルをくぐって出たとたんに雪が無いんです。豊川のほうから来れば当然ずっと無しです。決して山道の運転は上手じゃない2人が、老後反射神経が鈍くなってへたくそになっても、ここなら住め

会場からの質問に対する講師の応答

るかなと。名古屋圏からだいたい2時間ぐらいで来られますよね。2時間ぐらいで岐阜方面、長野方面というと雪がすごいですよ。何か愛知県の匂いから離れられなかったということでご理解いただけますでしょうか。

司会：ありがとうございます。もう1点はお子さんを始めご家族の方が東栄町に引き寄せられるというか戻ってくる期待というか可能性はどうかということですが、谷川さんいかがでしょうか。

谷川：私達が来て活性化して、それじゃあということで戻られてるかどうかは分からないですけど、実際すぐ近くに息子さん夫婦が子供を連れて戻ってきて家を建てたという人がいらっしゃいますね。あと私もあまり知らないので役場の方に聞かないといけないんだけど、確か去年ぐらいでしたか、地元出身の人とかIターンで来る人が東栄町で就職したり住んだりすると確か奨励金というのか、助成金みたいなのがいただける制度も作られてて、なるべく町としてもそういう人を引き寄せようとされてると思います。でも私はやっぱり住むところと働くところのことをやってから、そういうことをされたほうがいいんじゃないかなとちょっと思いますけれども。

司会：ありがとうございます。よろしいでしょうか。

佐藤：はい。どうもありがとうございます。

司会：今日は会場に、お3方と同じように他の土地から作手のほうに移られ、そこを拠点として世界的にいろんな事業等の活動をされている黒田さんがお見えになってますので、ちょっと一言何かご意見を伺いたいと思います。よろしくお願いします。

黒田：黒田と申します。私は鎌倉で生まれ育って、20代からほとんど外国にいまして。アメリカのシンクタンクで副社長をしておりました。その頃からずっと、山村が都市を養うんだということを主張し続けていました。1980年に今のような経済や世界はもう終わっていて、1900年代の終わり頃には誰の目にもはっきりするだろう。このままでは大きな災害と戦争以外に経済を活性化する道はなくなる、ということを言い続けてまいりました。新しい時代と世界のために、私は日本に最終的に帰ってまいりました。

　その日から山村に移り住もう、水源の村に移り住もうということを家族全員で、深夜2時3時まで毎日のように話しました。百姓になろう。山村に移

り住むということは山を守ることだし、川も守ることだし、田畑を守ることなんだ。それ以外の移り住み方はないんだ。だから水源の村に移ろうと話しました。なかなか決心がつきません。鎌倉の海の見える山の中腹に住んでいて、毎日相模湾に夕日が沈むのを見ながら暮らしてるもんですから、食べるものは紀伊国屋とかに行けば世界中の食べ物が何でも手に入るわけです。食べ物というのは冷蔵庫の中に入ってるものだという暮らしをしてきたわけですので、自分が食べ物を作るということは経験もないし想像がつかない。いよいよ一番下の子供が小学校に上がる日が近づいてきた。鎌倉市の教育委員会から、「どこの小学校に行くんですか。国立と市立、私立とある」と言われた時に、「よし、もう鎌倉で学校に上げるのはやめよう」と。

　この子が小学校に上がるチャンスを逃がしたらチャンスは無くなる。関東地方の人間ですから田舎というのは東北地方にあるような気がしてるんです。東北地方を探しました。夢のような場所が何か所もあります。ほんとにまだ日本にこんなところがあるんだというところが。「冬はどれぐらい雪に閉ざされますか」と聞くと、「だいたい3か月です」と言われるんですね。私達は雪が嫌だったというのではないんです。たまたまうちの息子がマウンテンバイクで知り合って結婚する相手が全日本チャンピオンで、アトランタオリンピックの代表候補だったんですね。マウンテンバイクのクロスカントリーレースですから、3か月練習ができないのは困るだろうなというので、東北から少しずつ西や南に移動しながら探したんですが、愛知県に田舎があるとは思いません。あなた方は神奈川県に田舎があると思わないでしょう。同じように私達も愛知県に田舎があると思わないんです。岐阜県から、もっと山を越えて福井県とか、日本海側の日本の背骨のところの山を北へ行ったり南へ行ったりすれば、どこかに見つかるんじゃないか、山口県に行くまでにはどこかにあるんじゃないかと走ってたんです。悪いことを思い出しました。ハンドルを握ってる時に「奥三河」という言葉を思い出してしまったんですね。民俗学者がたくさん取り上げてる「奥三河」。これは愛知県にど田舎があるという証拠だと。その次にまた悪いことを思い出しました。太平洋岸に数少ないブナ林が残ってるということを。「ちょっと行って見よう」。これが運の尽きでした。

設楽町の名倉というところに来て、ああ、いいところだなあと思ってしまったんですね。またそこでもっと悪いことに、豊橋からＩターンした青年に会ってしまった。それが奥三河ビジョンフォーラムにいたＫ君なんです。彼は生き物が好きで、私も生き物が大好き。「あなたが今、どこでも住む場所を選べるとしたら、住みたいところはこの界隈にある？」と聞いたら「ある。ついてきてください」と言って、山をずっと下ったんです。また上がってきて「ここです」と言われたところが作手なんです。作手という場所があることも知らなかった。こんなに標高が高くてこんなに空の大きい村があるなんていうのは、初めて見てびっくりしました。それで即座にそこに決めて、僕等は短パンにＴシャツで、当時６人の家族全員でいきなり役場に行った。村長というのがどれぐらい偉い人かなんて知りもしない。いきなり村長室をドンドンとノックして入っていって、「村長、僕等ここに住みますから」なんて言ってしまったんです。今から考えたら、何て恥知らずな発言をしたかと思います。

　それから毎週土曜日、日曜日、鎌倉から家探しに通いました。25,000分の１の地図に小さな四角い黒い点で全部住居が書いてあるでしょう。１軒残らず900軒の住居を調べました。ですから村中、人が住んでるところで行かないところはありません。それで27軒の空家を探し出して、１戸ずつ潰していきます。来年の４月までに決めなきゃいけない。でも相手の人は焦ってない。ふた月も返事をくれないんです。無かったら次が困ると思ってるけれども、複数に声はかけないようにして。結局27軒全部だめでした。60年も前に豊橋に全部離村した、蔵が２棟もあるような大きな家もやっぱり「いつかは帰る」と61歳の当主が言いました。その人自身そこで生まれてないんです。それでも譲ってはくれませんでした。４月８日に開成小学校の入学式がある。村長が学区にいるもんですから絶対開成小学校に来させたい。「お前の伜が来るというので教員の定員が１人増えてるんだ。来てもらわなきゃ困る」と言われてしまって。入学式は４月８日で、６日の夜村長から電話がかかってきて、「何が何でも来てくれ」「来てくれったって家がない」「とにかく来てくれ。着の身着のままで、着替えだけ持ってこい」と言われて、私達は作手村の住民になりました。

村が用意してくれたのは、取り壊す予定の教員住宅2棟と、もう1戸離れたところにある村営住宅の1部屋です。「6人家族がどうやって3棟の家に暮らすんだ、いい加減にしてよ。俺達をこんな家に住まわせるの？　こんな床が抜けそうなところに」と思ったんですが、4月の7日に私達はこの村に来て、翌日小学校が始まってしまったんですね。4月23日にはマウンテンバイクなど1台もない村で、「村にマウンテンバイクがやってきた」というイベントをやりました。800人の人が集まりました。テレビが入り新聞が入りました。以来14年間毎月1回マウンテンバイクスクールをやり続けています。日本で一番組織的・継続的にやっている。初めての人も、三輪車に乗ってもいいから、ママチャリでもいいからおいでよ、自転車に乗るって楽しいことなんだよ、というスクールをやり続けていて、延べ2万人ぐらいの卒業生を出しました。これをやり始めてしまったもんですから、家が無くても去れないんですよ。
　始めたマウンテンバイクの振興活動がやめられない。5年間仮住まいを続けました。私達は百姓になりたい。村営住宅にいたりするつもりはないんです。先ほど高田さんが森林組合で働いてるとおっしゃいました。村が必要としてるのは被雇用者ではない。森林組合に20年いたって森林組合の組合員にはなりませんからね。森林組合というのは山持ちの人達が作ってる組合で、そこでの作業者というのはずっと作業者なんです。そういう被雇用関係が村を支えるのではない。百姓をやらなきゃだめだと。何もない山の南斜面を25,000分の1の地図で探し出し、持主を洗い出して所有者と2度も3度も掛け合ってようやく土地を手に入れたら、木の伐採、草刈りから始まるんですからね。家を建てるところまで行くのに1年かかりました。家族みんなで、底無し沼の一角を4反、自力で開墾しました。村の人達は僕等を面白そうに見てるんです。「あいつらにできるわけない。1週間もしたら音をあげて鎌倉へ逃げ帰るよ」。1週間経って2週間経って3週間経ってもまだ「あいつら」は帰らん。こんな木が生えてるのを、胸のところまで浸かりながら、使ったこともないチェンソーで切る。頭の上に倒れてくれば自分が死ぬんですから。
　それでようやく田んぼが完成する。僕等はそれを田んぼだと思ってる。そこにいる生きものたちは田んぼとは思ってません。まだ沼です。ここが沼だ

ということはカエルが教えてくれます。緑色のシュレーゲルアオガエルなんかがたくさんいるんです。4年かかりました。カエルが「ここはちょっとだけ田んぼになりかけたかな」。つまりトノサマガエルが出てきたんです。トノサマガエルのほうが卓越すると「ここは田んぼである」というふうに生物界が認めてくれる。私達はにわか百姓で何もできません。知識もなければ経験もないから、私達にできることは田んぼや畑でなくなりそうなところを守るということが精一杯。だから人から「ここをやっとくれ」と頼まれたら断るまいと肝に銘じてきました。鎌倉から移ってくる時、やっぱり家族会議を開いて、これからは自分達の言うことが通用する世界ではないということ、出る杭は打たれるんだったら、打たれないぐらい飛び出そうと言って村にやってきました。沈んだ杭になるつもりは全くありませんでした。思いっきり飛び出していくんだというふうに思っていました。それでも打たれっぱなしです。飛び上がって打つからね、みんな。

そういう苦労をたくさんした挙げ句にようやく百姓家を建てて田んぼや畑を始めたんです。茶畑と田んぼはいくらでも集まるんですよ。お茶や米は買ったほうが安いから。茶畑が8反9反になって、これを手摘みでやるんです。田んぼを手植えするんです。なぜ手でやることにこだわってるかというと、子供に伝えるためです。機械を使えば田んぼも茶畑も危険な場所になる。子供に伝わらない。5年生になると稲作の教科があります。「田植えをしたことのある人、手を挙げなさい」と朝礼で

鎌での稲刈風景

イネの稲架掛け

言われた時、50人の全校児童の中でうちの子だけだったんですよ。にわか百姓のうちの子だけが田植えをしたことがある。あとの子はみんな「危険だから田んぼには行ってはいけない」という場所なんです。健康な泥がどんなに気持ちがいいかということを僕は子供に教えたかったんです。都会の子供達に本当の闇というものがあるんだということを教える。1歩も歩けないような闇がある。恐ろしいというのはこういうことだと教えたかったんですね。ですから私達は村に移ってきていろんなことがあるけれども、どんなことがあっても村を去るつもりはありません。百姓が村を守らなかったら、山を守らなかったら、川を守らなかったら、都会の人はどうなるの。この問題を私達は都会の人と一緒に考えたい。

　世界は村を語りません。村にはほとんど関心を持っていません。村が世界に向かって何かを言わなければ村を語るチャンスは無いと思っています。ですからこれから町の人と一緒になって、村の存在の意味とは何だろう、山があることの意味は何だろう、山に木が生えてることの意味は何だろう、そこから川が流れてくることの意味は何だろうと考えていく。過疎とか少子化とか高齢化とかいう問題は町でも同じように進んでいますが、山村の過疎や少子化や高齢化が進み過ぎるのは日本全体にとって大問題です。水が来なくなる、きれいな空気が無くなる、という現実に1歩1歩近づいてると思います。皆さん方と一緒に考えるチャンスがあるといいと思います。

司会：ありがとうございます。3人の方もいろいろと共感してお聞きになったと思うんですけれども、他の方々の中にも、改めて田舎とか田舎暮らしとか、ふるさとはまんざら捨てたもんじゃない、いいところかも知れないという気持ちになっておられる方もたくさんいらっしゃるかと思います。つまり探せばふるさとなり田舎なりに越してみたいという気持ちの方は、隠れたところにいっぱいいそうなんですけれども、そうした方々をどう上手に掘り起こして招き入れるかというような問題は簡単にはいかない。いろんな意味でこれからの日本の大きな課題ではないかと思います。最後になりますが、今私が申し上げたようなことにからめて、ぜひ町長さんに一言これからの行政の取り組みについて締めのお話を伺い、それで時間にさせていただきたいと思いますので、よろしくお願いいたします。

東栄町長：今日は黙って聞かせていただこうと思ってソーッと来たんですが、先ほどここで大村さんに会いました。大村さん、高田さん、谷川さんから、東栄町に住まわれてのいろんな問題点などを伺い、本当に参考にさせていただきました。そういったことを聞かせていただくのもわれわれ行政の大事な仕事だと思っています。せっかく振っていただきましたので、ちょっとだけ東栄町の宣伝をさせていただきます。東栄町は愛知県の中で一番財政力の低い町です。簡単に言えば貧乏なんですね。裏を返せば税金が安いかも知れない。財政力が一番低いけれども、いわゆる地方交付税というのでくくって、平成11年は17億という地方交付税をいただきました。それが昨年は13億。だいたい4億減ってるんですね。行政がやらなきゃいけないことはいっぱいあるんですが、なかなかお金が回らないというのが正直なところです。一方平成14年の貯金は10億だったのが、昨年は21億。貧乏神だとかケチだとか言われながらなぜそんなに金を貯めたのか。

　これからテレビのデジタル化が始まります。豊橋とかの町の中だと当然テレビを変えてアンテナを変えれば見られるんですが、われわれのところは電波が飛んでこないんですね。ですからみんな共同で線を引かないと見られない。その工事と、それからもう1つは教育。7つあった学校も今度4月から1つだけにします。小学校は1校だけになってしまう。中学校も1校です。そうすると子供達をバスで通学させなきゃいけないからバスを買わなきゃいけないし、学校も新しくしたい。テレビと学校に力を入れてきました。それからもう1つ先ほど出てました病院は約40年経ってますので、病院の建設も考えなきゃいけない。一番貧乏な町で、結いの話じゃないですが皆さんに協力していただいてます。ですから東栄町はこれから教育と医療にぜひとも力を入れていかなきゃいけないし、教育と医療のめどが付いたら次は福祉にもっともっと力を入れなきゃいけないなと思っていま

公開シンポジウム会場

す。ただそれだけお金が減る中でそれだけお金が貯められたということは、やっぱり住民の皆さんに本当にご協力いただいてる町ではないかなというふうに自慢をしております。よろしかったらぜひまたお越しいただきたいと思います。どうもありがとうございました。

司会：ありがとうございます。ではそろそろ時間なんですけれども、宮崎駿さんの大ヒットした映画で『となりのトトロ』という作品を皆さんもご存じだと思います。大人も子供も大好きで、あそこに描かれている主人公達も町から村に引っ越してきて、そこでいろんな体験をするという物語です。出てくる景色はふるさとの典型的な光景だろうと言われてるんですけれども、やっぱりどうしてもそういうようなものを私達はどこかで求めているということは否定し難いのではないかなと思います。「ふるさと」はなかなか謎に満ちた言葉で、まだまだいろんな課題、問題、興味深いところがたくさんありますので、今後ともこの研究所で、私個人的にはもう少しこのテーマを続けていきたいと考えております。相変わらずまずい司会でとりとめのない話になったんですが、皆さん方にもご協力いただきましてどうやら終わりまでこぎつけることができたかと思います。今日は東栄町からわざわざこの会のために3人の方々に来ていただき、貴重なお話を伺いました。もう1度盛大な拍手をしていただきたいと思います。どうもありがとうございました。ではこれで今日の予定は全ておしまいです。皆さんお疲れさまでした。

報告者紹介（掲載順）

大村　孝子（おおむら　たかこ）
　　　1945年生まれ
　　　家族で名古屋市より東栄町に移住、主婦
谷川美恵子（たにがわ　みえこ）
　　　1959年生まれ
　　　大阪府高槻市より東栄町に移住、
　　　チェンソーアートクラブ事務局勤務
高田　佳宏（たかだ　よしひろ）
　　　1974年生まれ
　　　名古屋市より東栄町に移住
　　　東栄町森林組合職員

愛知大学綜合郷土研究所シンポジウム報告集5

第二のふるさとのくらし

2010年3月10日　第1刷発行

編者＝愛知大学綜合郷土研究所 ©
　　　〒441-8522 豊橋市町畑町1-1　Tel. 0532-47-4160

発行＝株式会社 あるむ
　　　〒460-0012 名古屋市中区千代田3-1-12 第三記念橋ビル
　　　Tel. 052-332-0861　Fax. 052-332-0862
　　　http://www.arm-p.co.jp　E-mail: arm@a.email.ne.jp

印刷＝松西印刷　　製本＝中部製本

ISBN978-4-86333-024-5　C1036

■愛知大学綜合郷土研究所　刊行物案内　　　　　　　　　（価格は税別）

愛知大学綜合郷土研究所紀要（年1回3月刊）　　　　　　　　　各2000円
　＜研究叢書＞　発売：01～10は名著出版　11～20は岩田書院　21は学文社
　01　近世の交通と地方文化　　　　　　　　　　近藤　恒次　著　　3800円
　02　近世の山間村落　　　　　　　　　　　　　千葉　徳爾　著　　3800円
　03　地域社会の言語文化　　　　　　　　　　　堀井令以知　著　　3500円
　04　三河地方と古典文学　　　　　　　　　　　久曾神　昇　著　　3800円
　05　青々卓池と三河俳壇　　　　　　　　　　　大磯　義雄　著　　3786円
　06　家族と地域社会　　　　　　　　　　　　　川越　淳二　著　　4660円
　07　奥三河山村の形成と林野　　　　　　　　　藤田　佳久　著　　5728円
　08　渥美半島の文化史　　　　　　　　　　　　綜合郷土研究所　編　5728円
　09　志摩の漁村　　　　　　　　　　　　　　　牧野　由朗　著　　5049円
　10　志摩漁村の構造　　　　　　　　　　　　　牧野　由朗　著　　5049円
　11　豊川用水と渥美農村　　　　　　　　　　　牧野　由朗　著　　4600円
　12　地域研究を拓く　　　　　　　　　　　　　綜合郷土研究所　編　5800円
　13　豊川流域の水文環境　　　　　　　　　　　宮澤　哲男　著　　5800円
　14　江戸時代の農民支配と農民　　　　　　　　見城　幸雄　著　　7800円
　15　ヤマチャの研究　　　　　　　　　　　　　松下　　智　著　　4800円
　16　三河地方知識人史料　　　　　　　　　　　田崎　哲郎　著　　14800円
　17　東三河の水産物流通　　　　　　　　　　　伊村　吉秀　著　　5900円
　18　東海道交通施設と幕藩制社会　　　　　　　渡辺　和敏　著　　7800円
　19　近世東海地域の農耕技術　　　　　　　　　有薗正一郎　著　　5200円
　20　持続する社会を求めて　　　　　　　　　　市野　和夫　著　　3600円
　21　ふるさとの誘因　　　　　　　　　　　　　武田　圭太　著　　6000円
　＜シンポジウム＞　発売：01～03は名著出版　04～09は岩田書院　10はあるむ
　01　近世の地方文化　　　　　　　1942円　　06　豊川流域の生活と環境　　　2000円
　02　景観から地域像を読む　　　　1942円　　07　ふるさとを考える　　　　　2000円
　03　天竜川・豊川流域文化圏から　　　　　　　08　ふるさとを創る　　　　　　2000円
　　　　東・西日本をみる　　　　　2427円　　09　ふるさとに住む　　　　　　 762円
　04　花祭論　　　　　　　　　　　2200円　　10　ふるさとから発信する　　　　762円
　05　県境を越えた地域づくり　　　2600円
　＜ブックレット＞　発売：あるむ
　01　ええじゃないか　　　　　　　　　　　　　渡辺　和敏　　　　1000円
　02　ヒガンバナの履歴書　　　　　　　　　　　有薗正一郎　　　　 800円
　03　森の自然誌―みどりのキャンパスから　　　市野　和夫　　　　 800円
　04　内湾の自然誌―三河湾の再生をめざして　　西條　八束　　　　 800円
　05　共同浴の世界―東三河の入浴文化　　　　　印南　敏秀　　　　 800円
　07　渡辺華山―郷国と世界へのまなざし　　　　別所　興一　　　　 800円
　06　豊橋三河のサルカニ合戦―『蟹猿奇談』　　沢井　耐三　　　　 800円
　08　空間と距離の地理学―名古屋は遠いですか？　鈴木富志朗　　　 800円
　09　生きている霞提―豊川の伝統的治水システム　藤田　佳久　　　 800円
　10　漆器の考古学―出土漆器からみた近世という社会　北野　信彦　 800円
　11　日本茶の自然誌―ヤマチャのルーツを探る　　松下　　智　　　 800円
　12　米軍資料から見た　浜松空襲　　　　　　　阿部　聖　　　　　 800円
　13　城下町の賑わい―三河国吉田　　　　　　　和田　　実　　　　 800円
　14　多民族共生社会のゆくえ―昭和初期・朝鮮人・豊橋　伊藤　利勝　 800円
　15　明治はいかに英語を学んだか―東海地方の英学　早川　勇　　　 800円
　16　川の自然誌―豊川のめぐみとダム　　　　　市野　和夫　　　　 800円
　17　東海道二川宿―本陣・旅籠の残る町　　　　三世　善徳　　　　 800円
　18　鬼板師―日本の景観を創る人々　　　　　　髙原　隆　　　　　 800円
　＜資料叢書＞　発売：岩田書院
　08　江戸時代海面入会争論再審実録　　　　　　見城　幸雄　　　　3700円
　　　三河渥美郡馬見塚村　渡辺家文庫 1～7　　　　　　　　　3000～6600円
　　　愛知県歴史関係文献目録（1974年まで）　　　　　　　　　　　1300円
　　　村落研究文献目録　　　　　　　　　　　　　　　　　　　　　3000円
　　　愛知大学綜合郷土研究所所蔵資料図録 1　　　　　　　　　　　 400円
　＜資料叢書＞　発売：あるむ
　　豊橋市浄慈院日別雑記　　自文化10年至天保14年　渡辺　和敏　監修　11000円
　　豊橋市浄慈院日別雑記 II　自天保15年至安政7年　渡辺　和敏　監修　11000円
　　豊橋市浄慈院日別雑記 III　自文久4年至明治5年　渡辺　和敏　監修　 9500円
　　豊橋市浄慈院日別雑記 IV　自明治6年至明治14年　渡辺　和敏　監修　10500円